DESCUBRE

Lengua y cultura del mundo hispánico

MW00667958

Cuaderno de actividades comunicativas

VISTA®
HIGHER LEARNING

Student Text ISBN: 978-1-68004-688-5

6 7 8 9 PP 21 20

Table of Contents

más práctica

1.1 The present tense

1 **Mi nuevo compañero de clase** Completa el párrafo con la forma apropiada de los verbos entre paréntesis.

Mi nuevo compañero de clase (1) _____ (ser) muy simpático. Siempre que

(2) _____ (salir), me invita a salir con él, por lo que yo ya (3) _____ (conocer) a

mucha gente. (4) _____ (Parecer) que él siempre lo está pasando bien, hasta cuando nosotros

(5) _____ (estar) en la clase de matemáticas. Por la tarde, después de clase, él

(6) _____ (proponer) actividades —por ejemplo, a veces (7) _____ (ir) al parque

a jugar al fútbol— así que nunca nos aburrimos. Yo ya (8) _____ (saber) que nos vamos a

llevar bien durante todo el año. (9) _____ (Pensar) invitarlo a mi casa para las fiestas, así

mis padres lo (10) _____ (poder) conocer también.

2 **Tus actividades** Escribe cuatro actividades que realizas normalmente en cada uno de estos momentos del día: la mañana, la tarde y la noche.

Mañana: _____

_____

_____

_____

Tarde: _____

_____

_____

Noche: _____

_____

_____

_____

3 **Diez preguntas** Trabaja con un(a) compañero/a a quien no conozcas muy bien. Primero, cada persona debe escribir diez preguntas para conocer a su compañero/a. Luego, háganse las preguntas. Después, intercambien sus listas y háganse las preguntas de la otra persona. Compartan sus respuestas con la clase.

1.2 *Ser* and *estar*

1 **Correo electrónico** Completa este correo electrónico con la forma adecuada de **ser** o **estar**.

De:	susana_fernandez16@micorreo.es
Para:	carlos_rom_95@micorreo.es
Asunto:	¡Hola!

¡Hola, Carlos!

Yo (1) _____ muy preocupada porque tenemos un examen mañana en la clase de español y el profesor (2) _____ muy exigente. Ahora mismo mi amiga Ana (3) _____ estudiando en la biblioteca y voy a encontrarme con ella para que me ayude. Ella (4) _____ una estudiante muy buena y sus notas siempre (5) _____ excelentes.

Este fin de semana hay un concierto. Mis amigos y yo (6) _____ muy contentos porque el grupo que toca (7) _____ muy famoso. Elena también quería ir al concierto, pero no puede porque (8) _____ enferma y debe quedarse en cama.

Bueno, antes de ir a la biblioteca voy a almorzar en la cafetería porque (9) _____ muerta de hambre.

¡Hasta pronto!

Susana

2 **En el parque** Mira la ilustración y contesta las preguntas usando **ser** y **estar**. Puedes inventar las respuestas para algunas de las preguntas.

1. ¿Quién es cada una de estas personas?

2. ¿Qué están haciendo?

3. ¿Cómo están?

4. ¿Cómo son?

3 **Una cita** Mañana vas a tener una cita con una persona maravillosa. Quieres contárselo a tu mejor amigo/a y quieres pedirle consejos. Tu amigo/a es muy curioso/a y te va a hacer muchas preguntas. En parejas, representen la conversación. Éstos son algunos de los aspectos que pueden incluir.

Tu amigo quiere saber:

- cómo te sientes antes de la cita

- qué crees que va a pasar

- cómo es el lugar adonde van a ir

- cómo es la persona con quien vas a tener la cita

Tú quieres consejos sobre:

- qué ropa ponerte

- los temas de los que hablar

- adónde ir

- quién debe pagar la cuenta

1.3 Progressive forms

1 **¿Qué están haciendo?** Escribe cinco oraciones explicando qué está haciendo cada persona. Utiliza elementos de las tres columnas.

tú		divertirse
el presidente de los EE.UU.		viajar en avión
tus padres	(no) estar	comer en un restaurante
tu mejor amigo/a		asistir a un estreno (*premiere*)
Penélope Cruz		bailar en una discoteca
nosotros		hablar por teléfono

_____

_____

_____

_____

_____

2 **Seguimos escribiendo** Vuelve a escribir las oraciones usando los verbos **andar, continuar, ir, llevar, seguir** o **venir**. La nueva oración debe expresar la misma idea.

1. José siempre dice que es tímido, pero no deja de coquetear con las chicas de la clase.

   _____

2. Mi esposa y yo llevamos diez años de casados, pero nuestro amor es tan intenso como siempre.

   _____

3. Hace cinco meses que Carlos se pelea con su novia todos los días y todavía habla de ella como si fuera la única mujer del planeta.

   _____

4. Daniel siempre se queja de que los estudios lo agobian y hace meses que su mamá le dice que tiene que relajarse.

   _____

5. Mis padres repiten todos los días que pronto van a mudarse a una casa más pequeña.

   _____

6. Conversamos mucho tiempo mientras esperábamos la llegada de nuestros padres.

   _____

3 **Adivina qué estoy haciendo** En grupos de cuatro, jueguen a las adivinanzas con mímica (*charades*). Por turnos, cada persona debe hacer gestos para representar una acción sencilla. Las otras personas tienen que adivinar la acción, usando el presente progresivo. Sigan el modelo.

> **modelo**
> **ESTUDIANTE 1** *(Sin decir nada, hace gestos para mostrar que está manejando un carro.)*
> **ESTUDIANTE 2** ¿Estás peleando con alguien?
> **ESTUDIANTE 3** ¿Estás manejando un carro?
> **ESTUDIANTE 1** ¡Sí! ¡Estoy manejando un carro!

Lección 1 Más práctica Activities

2.1 Object pronouns

Más práctica Activities

1 **La televisión** Completa la conversación con el pronombre adecuado.

JUANITO   Mamá, ¿puedo ver televisión?

MAMÁ   ¿Y la tarea? ¿Ya (1) _____ hiciste?

JUANITO   Ya casi (2) _____ termino. ¿Puedo ver el programa de dibujos animados (*cartoons*)?

MAMÁ   (3) _____ puedes ver hasta las siete.

JUANITO   De acuerdo.

MAMÁ   Pero antes de que te pongas a ver televisión, tengo algunas preguntas.

¿(4) _____ vas a entregar mi carta a tu profesora?

JUANITO   Sí, mamá, (5) _____ (6) _____ voy a entregar mañana.

MAMÁ   ¿Quién va a trabajar contigo en el proyecto de historia?

JUANITO   No sé; nadie (7) _____ quiere hacer conmigo.

MAMÁ   Bueno, y antes de ver la tele, ¿me puedes ayudar a poner la mesa?

JUANITO   ¡Cómo no, mamá! (8) _____ ayudo ahora mismo.

2 **Confundido** Tu amigo va a dar una fiesta este fin de semana, pero no recuerda bien algunos detalles. Contesta sus preguntas con la información entre paréntesis. Utiliza pronombres en tus respuestas.

> **modelo**
>
> **¿Quién va a traer las sillas? (Carlos y Pedro)**
> Carlos y Pedro las van a traer.

1. ¿Cuándo vamos a comprar la comida? (mañana)

_____

2. ¿Quién nos prepara el pastel (*cake*)? (la pastelería de la Plaza Mayor)

_____

3. ¿Ya enviamos todas las invitaciones? (sí)

_____

4. ¿Quién trae los juegos de mesa? (Lourdes y Sara)

_____

5. ¿Vamos a decorar el salón? (sí)

_____

3 **Tres deseos** En parejas, imaginen que encuentran a un genio (*genie*) en una botella. Él les va a hacer realidad tres deseos a cada uno. Primero, haz una lista de los deseos que le vas a pedir. Después, díselos a tu compañero/a. Háganse preguntas sobre por qué quieren cada uno de los deseos. Utilicen por lo menos seis pronombres de complemento directo e indirecto.

> **modelo**
>
> —Yo quiero un jeep cuatro por cuatro.
> —¿Para qué lo quieres?
> —Lo quiero para manejar en cualquier tipo de terreno.

2.2 *Gustar* and similar verbs

1 **En otras palabras** Vuelve a escribir las frases subrayadas usando los verbos de la lista.

> **modelo**
>
> **Mis padres adoran las novelas de García Márquez, especialmente *Cien años de soledad*.**
>
> A mis padres les encantan las novelas de García Márquez, especialmente *Cien años de soledad*.

aburrir	(no) gustar
caer bien/mal	(no) interesar
(no) doler	molestar
encantar	quedar
faltar	

1. <u>Estoy muy interesado en el cine</u> y por eso veo el programa de espectáculos todas las noches.
2. Necesito ir al médico porque <u>tengo un dolor de cabeza desde hace dos días</u>.
3. <u>Pablo y Roberto son muy antipáticos.</u> No soporto hablar con ellos.
4. <u>Nos aburrimos cuando vemos películas románticas.</u>
5. <u>Detesto el boliche.</u>
6. Has gastado casi todo tu dinero. <u>Sólo tienes diez dólares.</u>
7. Carlos está a punto de completar su colección de monedas españolas anteriores al euro. <u>Necesita conseguir tres más.</u>
8. <u>No soporto escuchar música cuando estudio.</u> No puedo concentrarme.

2 **El fin de semana** Escribe ocho oraciones sobre qué te gusta y qué te molesta hacer el fin de semana. Utiliza **gustar** y otros verbos similares, como **interesar**, **importar** y **molestar**.

estar en casa	hacer ejercicio	ir al circo
festejar	hacer un picnic	jugar al billar
hacer cola	ir al cine	salir a comer

3 **Gustos** Utiliza la información y verbos similares a **gustar** para investigar los gustos de tus compañeros/as de clase. Toma nota de las respuestas de cada compañero/a que entrevistes y comparte la información con la clase.

> **modelo**
>
> **molestar / tener clase a las ocho de la mañana**
>
> A Juan y a Marcela no les molesta tener clase a las ocho de la mañana. En cambio, a Carlos le molesta porque...

1. encantar / fiestas de cumpleaños
2. fascinar / el mundo de Hollywood
3. disgustar / leer las noticias
4. molestar / conocer a nuevas personas
5. interesar / saber lo que mis amigos piensan de mí
6. aburrir / escuchar música todo el día

2.3 Reflexive verbs

1 **¿Qué hacen estas personas?** Escribe cinco oraciones combinando elementos de las tres columnas.

> **modelo**
> Yo me acuesto a las once de la noche.

mis padres	aburrirse	a las 6 de la mañana
yo	acostarse	a las 9 de la mañana
mis amigos y yo	afeitarse	a las 3 de la tarde
tú	divertirse	por la tarde
mi compañero/a de cuarto	dormirse	el viernes por la noche
ustedes	levantarse	a las once de la noche
mi hermano/a	maquillarse	todos los días

2 **Reflexivos** Algunos verbos cambian de significado cuando se usan en forma reflexiva. Completa las oraciones con la forma adecuada del verbo indicado y el pronombre si es necesario.

1. Yo siempre _____ (dormir/dormirse) bien cuando estoy en mi casa de verano.

2. Carlos, ¿_____ (acordar/acordarse) de cuando fuimos de vacaciones a Cancún hace dos años?

3. Si estamos tan cansados de la ciudad, ¿por qué no _____ (mudar/mudarse) a una casa junto al lago?

4. No me gusta esta fiesta. Quiero _____ (ir/irse) cuanto antes.

5. Cristina y Miguel _____ (llevar/llevarse) a los niños a la feria.

6. Mi abuela va a _____ (poner/ponerse) una foto de todos sus nietos en el salón.

3 **Los sábados** Sigue los pasos para determinar si tú y tus compañeros/as participan en actividades parecidas (*similar*) los sábados. Comparte tus conclusiones con el resto de la clase.

> - **Paso 1** Haz una lista detallada de las cosas que normalmente haces los sábados.
> - **Paso 2** Entrevista a un(a) compañero/a para ver si comparten alguna actividad.
> - **Paso 3** Compara la información con el resto de la clase. ¿Siguen los estudiantes la misma rutina durante los fines de semana?

3.1 The preterite

1 **Conversación telefónica** La mamá de Andrés lo llama para ver cómo fue su semana. Completa la conversación con el pretérito de los verbos de la lista. Algunos verbos se repiten.

| andar | da | ir | ser | barrer | hacer | quitar | tener |

MAMÁ Hola, Andrés, ¿qué tal las clases?

ANDRÉS Hola, mamá. Pues en la clase de historia (1) _____ un examen el lunes. En la clase de química, el profesor nos (2) _____ una demostración en el laboratorio.

MAMÁ ¿Y el resto de las clases?

ANDRÉS (3) _____ muy fáciles, pero los profesores nos (4) _____ mucha tarea.

MAMÁ ¿Cómo está tu apartamento? ¿Está muy sucio (*dirty*)?

ANDRÉS ¡Está perfecto! Ayer (5) _____ la limpieza: (6) _____ el piso y (7) _____ el polvo de los muebles.

MAMÁ ¿Qué hiciste con tus amigos el sábado por la noche?

ANDRÉS Nosotros (8) _____ por el centro de la ciudad y (9) _____ a un restaurante. (10) _____ una noche muy divertida.

2 **Vienen los abuelitos** Tus abuelos vienen a tu casa. Tu mamá quiere saber si ya hiciste todo lo que te pidió, pero tú ya sabes lo que te va a preguntar. Completa sus preguntas y después contéstalas.

> **modelo**
> ¿Ya... (conseguir las entradas para el concierto)?
> —¿Ya conseguiste las entradas para el concierto?
> —Sí, mamá, ya conseguí las entradas para el concierto.

1. ¿Ya... (lavar los platos)? _____

2. ¿Ya... (ir al supermercado)? _____

3. ¿Ya... (pasar la aspiradora)? _____

4. ¿Ya... (quitar tus cosas de la mesa)? _____

5. ¿Ya... (hacer las reservaciones)? _____

6. ¿Ya... (limpiar el baño)? _____

3 **Un problema** Quieres devolver unos zapatos y pedir un reembolso, pero la zapatería no acepta cambios después de una semana. En parejas, improvisen la conversación entre el/la cliente/a y el/la gerente (*manager*). El/La cliente/a debe tratar de convencer al/a la gerente de que le devuelva el dinero.

3.2 The imperfect

1 **Oraciones incompletas** Termina las oraciones con el imperfecto.

1. Cuando yo era niño/a _____.

2. Todos los veranos mi familia y yo _____.

3. Durante las vacaciones, mis amigos siempre _____.

4. En la escuela primaria, mis maestros nunca _____.

5. Mis hermanos y yo siempre _____.

6. Mi abuela siempre _____.

2 **Un robo** El sábado por la tarde unos jóvenes le robaron la bolsa a una anciana en el parque. Ese día tú andabas por el mismo parque con tus amigos. Un policía quiere saber lo que hacías para averiguar si participaste en el robo. Contéstale usando el imperfecto.

1. ¿Dónde estabas alrededor de las dos de la tarde?

   _____

2. ¿Qué llevabas puesto (*were you wearing*)?

   _____

3. ¿Qué hacías en el parque?

   _____

4. ¿A qué jugabas?

   _____

5. ¿Quiénes estaban contigo?

   _____

6. ¿Adónde iban ese día?

   _____

7. ¿Qué otras personas había en el parque?

   _____

8. ¿Qué hacían esas personas?

   _____

3 **Las tareas del hogar** Cuando eras niño/a, ¿cuáles eran tus obligaciones en la casa? ¿Qué te mandaban hacer tus padres? En parejas, conversen sobre cuáles eran sus obligaciones. ¿Hacían ustedes tareas similares?

4 **¿Cómo ha cambiado tu vida?** Piensa en cómo era tu vida hace cinco años. ¿Cómo ha cambiado? En parejas, hablen de estos cambios. Escriban una lista de las responsabilidades que tienen ahora y las que tenían antes. Traten de incluir el mayor número posible de detalles.

> **modelo**
> Cuando estaba en el quinto grado no tenía mucha tarea, pero ahora
> tengo muchísima. Me paso toda la tarde en la biblioteca.

3.3 The preterite vs. the imperfect

1 **Distintos significados** Completa las oraciones con el pretérito o el imperfecto. Recuerda que cuando se usan estos verbos en el pretérito tienen un significado distinto al del imperfecto.

1. Cuando yo era niño, nunca _____ (querer) limpiar mi habitación, pero mis padres me obligaban a hacerlo.

2. Mi amigo ya _____ (poder) hablar chino y japonés cuando tenía siete años.

3. Finalmente, después de preguntar por todos lados, Ana _____ (saber) dónde comprar las entradas para el concierto.

4. Mis padres _____ (querer) mudarse a México. Estaban cansados de vivir en Europa.

5. Se rompió el televisor. Por suerte, mi amigo Juan Carlos _____ (poder) arreglarlo.

6. Mi hermano _____ (conocer) a su novia en el centro comercial.

7. Mi abuela _____ (saber) cocinar muy bien.

8. Miguel y Roberto completaron el formulario, pero no _____ (querer) contestar la última pregunta.

2 **¿Pretérito o imperfecto?** Indica si normalmente debes usar el pretérito (P) o el imperfecto (I) con estas expresiones de tiempo. Después, escribe cinco oraciones con estas expresiones.

— el año pasado   — siempre   — ayer por la noche   — todas las tardes

— todos los días   — mientras   — el domingo pasado   — una vez

_____

_____

_____

_____

_____

3 **Mi mejor año** ¿Cuál fue tu mejor año en la escuela? Escribe una historia breve sobre ese año. Recuerda que para narrar series de acciones completas debes usar el pretérito y para describir el contexto o acciones habituales en el pasado debes usar el imperfecto. Comparte tu historia con la clase.

> **modelo**
> Creo que mi mejor año fue el segundo grado. Yo vivía con mi familia en Toronto, pero ese año nos mudamos a Vancouver...

4 **Lo que sentía** En parejas, conversen sobre tres situaciones o momentos de la niñez en los cuales sintieron algunas de estas emociones. Pueden inventar situaciones si quieren. Luego compartan con la clase lo que le pasó a la otra persona y lo que él/ella sintió. Utilicen el pretérito y el imperfecto.

- agobiado/a
- feliz
- asombrado/a
- hambriento/a
- confundido/a
- solo/a

4.1 The subjunctive in noun clauses

1

El doctor El doctor González escribe informes con el diagnóstico y las recomendaciones para cada paciente. Completa los informes con el indicativo o el subjuntivo de los verbos entre paréntesis.

Informe 1

Don José, creo que usted (1) _____ (sufrir) de mucho estrés. Usted (2) _____ (trabajar) demasiado y no (3) _____ (cuidarse) lo suficiente. Es necesario que usted (4) _____ (dormir) más horas. No creo que usted (5) _____ (necesitar) tomar medicinas, pero es importante que (6) _____ (controlar) su alimentación y (7) _____ (mantener) una dieta más equilibrada.

Informe 2

Carlitos, no hay duda de que tú (8) _____ (tener) varicela (*chicken pox*). Es una enfermedad muy contagiosa y por eso es necesario que (9) _____ (quedarse) en casa una semana. Como no podrás asistir a la escuela, te recomiendo que (10) _____ (hablar) con uno de tus compañeros y que (11) _____ (hacer) la tarea regularmente. Quiero que (12) _____ (aplicarse) (*to apply*) esta crema si te pica (*itches*) mucho la piel.

Informe 3

Susana y Pedro, es obvio que ustedes (13) _____ (tener) gripe. Para aliviar la tos, les recomiendo que (14) _____ (tomar) este jarabe por la mañana y estas pastillas por la noche. No creo que (15) _____ (necesitar) quedarse en cama. Les recomiendo que (16) _____ (beber) mucho líquido y que (17) _____ (comer) muchas frutas y verduras. Estoy seguro de que en unos días (18) _____ (ir) a sentirse mejor.

2

¿Cómo terminan? Escribe un final original para cada oración. Usa el subjuntivo cuando sea necesario.

1. Es imposible que hoy _____

2. Dudo mucho que el profesor _____

3. No es cierto que mis amigos y yo _____

4. Es muy probable que yo _____

5. Es evidente que en el hospital _____

6. Los médicos recomiendan que _____

3

Reacciones En grupos, digan cómo reaccionarían en estas situaciones. Deben usar el subjuntivo en sus respuestas para mostrar emoción, incredulidad, alegría, rechazo, insatisfacción, etc.

> **modelo**
>
> Acabas de ganar un millón de dólares.
> *¡Es imposible que sea verdad! No puedo creer que...*

1. Un día tu mamá va al banco y le dicen que ya no le queda un centavo. No van a poder comer esta semana.

2. Oyes que el agua que tomas del grifo (*tap*) está contaminada y que todos los habitantes de la ciudad se van a enfermar.

3. Llegas a la escuela el primer día y te dicen que no hay espacio para ti en la clase de inglés. Vas a tener que sentarte en el piso.

4. Tu mejor amigo/a te declara su amor e insiste en que sean novios.

5. Tu nuevo/a compañero/a de clase te dice que tiene la gripe aviar (*bird flu*). Es muy contagiosa.

6. Acabas de ver a un(a) amigo/a hablando mal de ti enfrente de tus compañeros/as de clase.

4.2 Commands

1 **Las indicaciones del médico** Lee los problemas de estos pacientes. Luego, completa las órdenes y recomendaciones que su médico les da.

Don Mariano y doña Teresa no duermen bien y sufren de mucha presión en el trabajo.	1. _____ (tomar) té de manzanilla y _____ (acostarse) siempre a la misma hora. 2. No _____ (trabajar) los domingos.
Juan come muchos dulces y tiene caries (*cavities*).	3. (Tú) _____ (cepillarse) los dientes dos veces por día. 4. No _____ (comer) más dulces.
La señora Ortenzo se lastimó jugando al tenis. Le duele el pie derecho.	5. (Usted) _____ (quedarse) en cama dos días. 6. No _____ (mover) el pie y no _____ (caminar) sin muletas (*crutches*).
Carlos y Antonio trasnochan con frecuencia y no comen una dieta sana.	7. _____ (dormir) por lo menos ocho horas cada noche. 8. No _____ (ir) a clase sin antes comer un desayuno saludable.

2 **Antes y ahora** ¿Te daban órdenes tus padres cuando eras niño/a? ¿Te siguen dando órdenes? Escribe cinco mandatos que te daban cuando eras niño/a y cinco que te dan ahora. Utiliza mandatos informales afirmativos y negativos.

Los mandatos de antes

_____

_____

_____

_____

_____

Los mandatos de ahora

_____

_____

_____

_____

_____

3 **El viernes** Tú y tus amigos están pensando en qué hacer este viernes. Tú sugieres actividades (usa mandatos con **nosotros/as**), pero ellos/as rechazan (*reject*) tus ideas y sugieren otras. En grupos de tres, representen la conversación.

> **modelo**
>
> **ESTUDIANTE 1** Vayamos al cine esta tarde.
> **ESTUDIANTE 2** No quiero porque no tengo dinero. Quedémonos en casa y veamos la tele.
> **ESTUDIANTE 3** Pues, alquilemos una película entonces...

Lección 4 Más práctica Activities **11**

4.3 *Por* and *para*

1 **El viaje de Carla** Carla está planeando pasar el verano en Bogotá para tomar cursos en una escuela de Colombia. Une las frases para completar sus comentarios sobre el viaje.

____ 1. Este verano viajaré a Bogotá

____ 2. Es un programa de intercambio, organizado

____ 3. Estudiantes de varias escuelas nos reuniremos en Miami y de allí saldremos

____ 4. Extrañaré a mi familia, pero prometen llamarme

____ 5. Quisiera pasar un año allá, pero sólo puedo ir

____ 6. Antes de volver a Nueva York, espero viajar

____ 7. Quiero perfeccionar el español

____ 8. En el futuro, espero trabajar

a. para Bogotá.

b. para estudiar español.

c. para la embajada (*embassy*).

d. para estudiar en Latinoamérica después de graduarme de la escuela.

e. por mi escuela en Nueva York.

f. por teléfono una vez por semana.

g. por todo el país.

h. por tres meses.

2 **Instrucciones para cuidar al perro** Este fin de semana te toca cuidar al perro de tus vecinos y ellos están muy preocupados. Completa su lista de instrucciones con por o para.

1. Si el perro está muy deprimido, llama al veterinario _____ teléfono.

2. Si está un poco triste, haz todo lo que puedas _____ darle ánimo.

3. Últimamente tiene problemas de digestión y debe tomar una medicina _____ el estómago.

4. _____ ver si el perro tiene fiebre, usa este termómetro.

5. No es _____ tanto si no te saluda cuando entras en la casa; cuando te conozca mejor y te tenga más confianza comenzará a saludarte.

6. Sácalo a pasear todos los días: el ejercicio es bueno _____ los perros.

7. Nuestra rutina es caminar media hora _____ el parque.

8. Dale su medicina tres veces _____ día.

3 **Un acontecimiento increíble** ¿Alguna vez te ha ocurrido algo inusual o difícil de creer? Cuéntale a tu compañero/a un acontecimiento increíble que te haya ocurrido o inventa uno. Incluye al menos cuatro expresiones de la lista.

para colmo	no estar para bromas	por casualidad	por supuesto
para que sepas	no ser para tanto	por fin	por más/mucho que

5.1 Comparatives and superlatives

1 **Los medios de transporte** Escribe seis oraciones completas para comparar los medios de transporte de la lista. Utiliza por lo menos tres comparativos y tres superlativos. Debes hacer comparaciones con respecto a estos aspectos:

- la rapidez
- la diversión
- la comodidad
- el precio

> **medios de transporte**
> autobús, avión, bicicleta, carro, metro, taxi, tren

> **modelo**
> Para viajar por la ciudad, el taxi es más caro que el autobús.
> El avión es el medio más rápido de todos.

2 **El absoluto** Utiliza el superlativo absoluto (**-ísimo/a**) para escribir oraciones completas. Sigue el modelo.

> **modelo**
> **elefantes / animales / grande**
> Los elefantes son unos animales grandísimos.

1. diamantes / joyas / caro

2. avión / medio de transporte / rápido

3. Bill Gates / persona / rico

4. el puente de Brooklyn / largo

5. la clase de inglés / fácil

6. Dakota Fanning / actriz / joven

7. Boca Juniors / equipo de fútbol argentino / famoso

8. el Río de la Plata / ancho

3 **Un pariente especial** ¿Hay alguien en tu familia que consideras especial? ¿Te pareces a esa persona? ¿Es mayor o menor que tú? ¿Qué similitudes y diferencias tienen? Trabaja con un(a) compañero/a: dile quién es tu pariente favorito y cuéntale en qué se parecen y en qué se diferencian. Usa comparativos en tu descripción. Incluye algunos de estos aspectos:

altura	gustos
apariencia física	personalidad
edad	vida académica

> **modelo**
> Mi primo Juan es mi primo favorito. Es mayor que yo, pero
> yo soy mucho más alto que él...

Lección 5 Más práctica Activities

Más práctica Activities

5.2 Negative, affirmative, and indefinite expressions

1

De compras Has desembarcado de un crucero en una isla remota. Quieres comprar algo típico para tus amigos, pero el empleado te hace mil preguntas sobre lo que quieres. Elige las opciones correctas para completar la conversación.

EMPLEADO ¡Hola! ¿Quieres (1) _____ (algo / nada) extraordinario para tus amigos?

TÚ No, no quiero (2) _____ (algo / nada) extraordinario, quiero (3) _____ (algo / nada) típico de la isla.

EMPLEADO Tenemos unos recuerdos muy especiales por aquí. (4) _____ (Siempre / Nunca) es mejor regalar (5) _____ (algo / nada) que llegar con las manos vacías (*empty*)...

TÚ Sí, pero (6) _____ (también / tampoco) es bueno comprar cosas que no quepan en la maleta. Necesito un recuerdo que no sea muy grande, pero (7) _____ (también / tampoco) muy pequeño, por favor.

EMPLEADO Es que no tenemos (8) _____ (algo / nada) así. Todo lo que tenemos (9) _____ (o / ni) es muy chiquito (10) _____ (o / ni) es muy grande. No tenemos (11) _____ (algo / nada) de tamaño mediano.

TÚ Bueno, señor, el barco ya se va... Si usted no tiene (12) _____ (algo / nada) que yo pueda comprar ahora mismo, me tendré que ir.

EMPLEADO Lo siento. (13) _____ (Alguien / Nadie) compra recuerdos aquí (14) _____ (siempre / jamás). No entiendo por qué será.

2

En el avión Marcos, un viajero, es un poco caprichoso; nada le viene bien. Escribe **o... o, ni... ni, o ni siquiera** para completar sus quejas.

1. Le pedí una bebida al asistente de vuelo pero no me trajo _____ café _____ agua.

2. ¡Qué día fatal! No pude _____ empacar la última maleta _____ despedirme de mis amigos.

3. Por favor, _____ sean puntuales _____ avisen si van a llegar tarde.

4. Hoy me siento enfermo. No puedo _____ dormir _____ hablar. _____ puedo moverme.

5. Me duele la cabeza. No quiero escuchar _____ música _____ la radio.

3

Opiniones En grupos de cuatro, hablen sobre estas opiniones y digan si están de acuerdo o no. Por turnos, expliquen sus razones. Usen expresiones negativas, afirmativas e indefinidas.

1. Es más costoso viajar en primera clase, pero vale la pena.

2. Conocer otros países y culturas es más importante que aprender de un libro.

3. Hacer un intercambio te abre más a otras maneras de pensar.

4. Es mejor ir de vacaciones durante el verano que durante el invierno.

5. Ir de viaje es la mejor manera de gastar los ahorros.

6. Es más peligroso viajar hoy en día. Antes era muchísimo más seguro.

5.3 The subjunctive in adjective clauses

1 **Unir los elementos** Escribe cinco oraciones lógicas combinando elementos de las tres columnas.

> **modelo**
> Juan busca un libro que esté escrito en español.

Juan (estudiante de español)	buscar un tutor	pagar bien
Pedro (tiene un carro viejo)	buscar un libro	ser divertida
Ana (tiene muy poco dinero)	necesitar un carro	ayudarme
mis amigos (están aburridos)	tener que ir a una fiesta	ser nuevo y rápido
yo (tengo problemas con la clase de cálculo)	querer un trabajo	poder ayudarnos
nosotros (no sabemos qué clases tomar el próximo semestre)	necesitar hablar con un consejero	estar escrito en español

2 **En el aeropuerto** Mientras esperas en el aeropuerto, escuchas todo lo que dicen los empleados de la aerolínea y los agentes de seguridad. Usa el subjuntivo para terminar las oraciones de manera lógica.

1. Deben pasar por aquí las personas que _____.

2. ¿Tiene usted algo en su bolsa que _____?

3. Debe sacar del bolsillo todo lo que _____.

4. No diga chistes que _____.

5. Pueden pasar los viajeros que _____.

6. No se pueden llevar maletas que _____.

3 **Anuncios personales** En grupos de tres, escriban anuncios personales para una persona que busca novio/a. Los anuncios deben ser detallados y creativos, y deben usar el subjuntivo y el indicativo. Después, compartan el anuncio con la clase para ver si encuentran a alguien que se parezca a la persona de su anuncio.

Más práctica Activities

6.1 The future

1 **¿Qué pasará?** Usa el futuro para explicar qué puede estar ocurriendo en cada una de las situaciones. Puedes utilizar las ideas de la lista o inventar otras.

> **modelo**
>
> **Hoy tu carro no arranca (*doesn't start*). Hay algo que no funciona.**
> El carro no tendrá gasolina. / La batería estará descargada.

(su gato/su conejo) estar perdido	tener otros planes
(él/ella/su perro) estar enfermo/a	no tener ganas
haber un huracán	

1. María siempre llega a la clase de español puntualmente, pero la clase ya empezó y ella no está.

2. Carlos es el presidente del club ecologista, pero hoy no vino a la reunión.

3. Sara y María son dos personas muy alegres y optimistas, pero hoy están tristes y no quieren hablar con nadie.

4. He invitado a Juan a ir al cine con nosotros, pero no quiere ir.

5. Mañana vas a viajar a una zona tropical. Te acaban de avisar que se canceló tu vuelo.

2 **Campaña informativa** En parejas, imaginen que trabajan para una organización que se dedica a proteger el medio ambiente. Les han pedido que preparen una campaña informativa para concientizar a la gente sobre (*make people aware of*) los problemas ecológicos. Contesten las preguntas y después compartan la información con la clase.

1. ¿Cómo se llamará la campaña?

2. ¿Qué problemas del medio ambiente tratará?

3. ¿Qué consejos darán?

4. ¿Qué harán para distribuir la información?

5. ¿Creen que su campaña tendrá éxito? ¿Por qué?

3 **Horóscopo** En parejas, escriban el horóscopo de su compañero/a para el mes que viene. Utilicen verbos en futuro y algunas frases de la lista. Luego compártanlo con sus compañeros/as.

decir secretos	haber sorpresa	recibir una visita
empezar una relación	hacer daño	tener suerte
festejar	hacer un viaje	venir amigos
ganar/perder dinero	poder solucionar problemas	viajar al extranjero

6.2 The subjunctive in adverbial clauses

1 **En el parque** Javier quiere leer los carteles (*signs*) del parque nacional, pero Sol no cree que sean importantes. Completa la conversación con el subjuntivo del verbo indicado.

> **JAVIER** Espera, Sol, quiero leer los carteles.
>
> **SOL** Es que son muy obvios. No dicen nada que yo no (1) _____ (saber). "Tan pronto como usted (2) _____ (escuchar) un trueno, aléjese de las zonas altas". ¡Qué tontería! ¡Eso es obvio!
>
> **JAVIER** Sí, pero son importantes para que los visitantes (3) _____ (ser) conscientes de la seguridad.
>
> **SOL** ¿Y qué tiene que ver este otro cartel con la seguridad? "Para que no (4) _____ (haber) erosión, caminen sólo por el sendero".
>
> **JAVIER** Bueno, es que algunos carteles son para que la gente (5) _____ (ayudar) a cuidar el parque. Por ejemplo, este otro...
>
> **SOL** Basta, Javier, estoy harta de estos carteles tan obvios. Si realmente quieren cuidar el parque, ¿por qué no ponen cestos (*bins*) para la basura?
>
> **JAVIER** Bueno, justamente el cartel dice: "No tenemos cestos para la basura para que los visitantes nos (6) _____ (ayudar) llevándose su propia basura del parque".
>
> **SOL** Bueno, yo no he dicho que todos los carteles (7) _____ (ser) inútiles.

2 **En casa** Tu hermana insiste en que tu familia colabore para proteger el medio ambiente. Tiene una lista de órdenes que quiere que ustedes cumplan. Escribe cada orden de otra forma, usando el subjuntivo y las palabras que están entre paréntesis. Haz los cambios necesarios.

> **modelo**
> **Usen el aire acondicionado lo mínimo posible. (siempre que)**
> Siempre que sea posible, no usen el aire acondicionado.

1. Cierren bien el grifo (*faucet*) y no dejen escapar ni una gota de agua. (para que)

2. Apaguen las luces al salir de un cuarto. (tan pronto como)

3. No boten las botellas. Hay que averiguar primero si se pueden reciclar. (antes de que)

4. Vayan a la escuela en bicicleta. Usen el carro sólo si hace mal tiempo. (a menos que)

5. En lugar de encender la calefacción (*heating*), pónganse otro suéter. (siempre que)

3 **Conversaciones** En parejas, representen estas dos conversaciones. Usen conjunciones de la lista y recuerden que algunas de estas construcciones exigen un verbo en subjuntivo.

a menos que	aunque	cuando	hasta que	sin (que)
antes de (que)	con tal de (que)	en caso de (que)	para (que)	tan pronto como

1. Una pareja de recién casados está planeando su luna de miel (*honeymoon*): Ella quiere ir a una isla remota. Él quiere ir a París.

2. Una madre y su hijo: Él tiene su licencia de conducir y quiere una motocicleta.

6.3 Prepositions: *a, hacia,* and *con*

1   **Un día horrible** Completa el texto con las preposiciones **a, hacia** o **con**.

Hola, Miguel:

    Ayer tuve un día horrible. Casi prefiero no acordarme. Puse el despertador para que sonara (1) _____ las seis de la mañana, pero me dormí y me levanté (2) _____ las siete. Mi primera clase empezaba a las ocho, así que iba a llegar tarde. El profesor es bastante estricto y siempre se enoja (3) _____ los estudiantes que no llegan a tiempo.

    Mi día había comenzado mal e iba a seguir peor. Salí de casa y comencé (4) _____ correr (5) _____ la escuela. Cuando estaba (6) _____ la mitad del camino, algo terrible ocurrió. Una señora que estaba (7) _____ mi izquierda no vio la farola (*streetlight*) y chocó (*crashed*) (8) _____ ella. Fue un golpe tremendo. Fui (9) _____ ayudarla, pues se había caído. Tuve que levantarla (10) _____ mucho cuidado porque estaba mareada. Cuando llegó la policía, yo comencé (11) _____ correr otra vez. Entré a clase muy tarde, (12) _____ las ocho y media. ¡Qué locura!

Un abrazo,

Lupe

2   **Carta** Imagina que estás de vacaciones en otro país y le escribes una carta a tu familia contándoles los detalles de tu viaje. Puedes incluir información sobre el horario de las actividades, los lugares que has visitado, las cosas que has hecho y los planes para el resto del viaje. Utiliza por lo menos seis expresiones de la lista.

> **modelo**
> Al llegar a San Juan, fui al hotel con Marta.

al llegar	estaba(n) conmigo	con un guía turístico
a veinte (millas)	con cuidado/anticipación	hacia/a las (nueve y media)
ayudar a	con mi cámara	hacia la playa/el bosque

3   **El guardaparques** Trabajen en grupos de cuatro. Una persona es el/la guardaparques (*park ranger*) y las otras tres son turistas. Algunos turistas no respetaron las reglas del parque y el/la guardaparques quiere saber quiénes fueron. Representen la situación usando la información de la lista y las preposiciones **a, hacia** y **con**.

estar / las dos de la tarde	hablar / otras personas
ir / tanta prisa	contaminar / combustible
dar de comer / los animales salvajes	ir / sacar plantas
envenenar / una sustancia tóxica	ir / otra gente
dirigir / la salida	ver / alguien sospechoso

7.1 The present perfect

1 **Oraciones** Cambia las oraciones del pretérito al pretérito perfecto.

1. Juan y yo vimos una estrella fugaz.
2. Yo hice la tarea en el laboratorio.
3. La científica le dijo la verdad a su colega.
4. El astronauta volvió de su viaje.
5. Ustedes encontraron la solución al problema.
6. Nosotros clonamos unas células.
7. Vendiste tu computadora portátil.
8. Comprobaron la teoría.

2 **Primer día** Es el primer día de la clase de informática y la profesora les dice las reglas del curso. Contéstale usando el pretérito perfecto.

> *modelo*
> **Abran el sitio web de la clase.**
> Ya lo hemos abierto.

1. Apaguen los teléfonos celulares.
2. Inventen una contraseña para su trabajo.
3. Descarguen el programa de Internet que vamos a usar.
4. Guarden todo su trabajo en su archivo personal.
5. Añadan sus direcciones de correo electrónico a la lista de la clase.
6. Antes de entregar su trabajo, revísenlo con el corrector ortográfico.

3 **Viaje** Imaginen que uno/a de ustedes es un(a) astronauta que acaba de volver de su primer viaje a otro planeta. El/La otro/a es reportero/a y hace preguntas sobre lo que ha visto y ha hecho el/la astronauta en el viaje. Utilicen el pretérito perfecto de los verbos del recuadro.

> *modelo*
> **REPORTERO/A** ¿Qué has aprendido de la cultura de los extraterrestres?
> **ASTRONAUTA** He aprendido que...

aprender	descubrir	hacer
comer	explorar	ver

4 **Extraterrestres** En grupos de tres, imaginen que son extraterrestres. Un grupo tiene que explicar cómo son los seres humanos a otro grupo que no los ha visto todavía. En su conversación, utilicen el pretérito perfecto.

> *modelo*
> **GRUPO 1** ¿Han averiguado por qué los seres humanos se sientan enfrente de esas pantallas todo el día?
> **GRUPO 2** No lo hemos averiguado todavía, pero pensamos que es una forma de comunicarse con los espíritus de otro mundo...

7.2 The past perfect

1 **Blog de futuro** Ésta es la entrada de blog que Rubén escribe en el año 4000. Completa su blog con el pluscuamperfecto.

> Hola, queridos amigos:
>
> Soy Rubén, un apasionado historiador. He descubierto que antes del año 2050, los científicos ya (1) _____ (clonar) al ser humano. Antes de 2060, los inventores ya (2) _____ (fabricar) un automóvil volador. Antes de 2070, los investigadores ya (3) _____ (descubrir) una cura para todo tipo de enfermedad. Antes de 2080, un biólogo extraordinario ya (4) _____ (inventar) una semilla (*seed*) resistente a todo tipo de insecto y que no necesita ni agua ni tierra para crecer. Antes de 2090, el presidente ya (5) _____ (crear) un sistema de gobierno justo que funciona para el bien de todos. Antes del año 3000, ya (nosotros) (6) _____ (investigar) los orígenes del universo. Antes de 3005, ya (nosotros) (7) _____ (terminar) con las guerras en la Tierra. Antes de 3010, ya (nosotros) (8) _____ (comprobar) que sí hay vida en otros planetas...

2 **¿Qué hiciste ayer?** Seguro que tienes una vida muy ocupada. Escribe oraciones completas para contar lo que ya habías hecho ayer antes de las situaciones indicadas. Utiliza el pluscuamperfecto.

> *modelo*
> **antes del desayuno**
> Antes del desayuno, ya me había afeitado.

1. antes del desayuno
2. antes de ir a clase
3. antes del almuerzo
4. antes de la cena
5. antes de acostarte

3 **Tus logros** Piensa en cuatro cosas que ya habías logrado antes de cumplir (*to turn*) doce años y cuéntaselas a tu compañero/a. También debes preguntarle por sus logros (*achievements*).

> *modelo*
> Antes de cumplir doce años, ya había aprendido a ir en bicicleta. ¿Y tú?

7.3 Diminutives and augmentatives

1 **Diminutivos** Carlos siempre habla usando diminutivos. Completa sus descripciones con el diminutivo (**-ito/a**) de las palabras entre paréntesis.

Ayer fui al (1) _____ (mercado) de antigüedades que está muy (2) _____ (cerca) de mi (3) _____ (casa) y compré algunas (4) _____ (cosas) muy valiosas. En el primer puesto, un (5) _____ (hombre) muy simpático me aconsejó comprar un (6) _____ (libro) viejo y muy bonito. Cuando regresé a casa, tenía mucho frío y me tomé un (7) _____ (café) para calentarme. Me senté en mi (8) _____ (silla) favorita y empecé a leer. Fue una mañana muy divertida.

2 **Los cuentos infantiles**

A. El señor Ordóñez odia los diminutivos. Por eso ha cambiado todos los títulos en el libro de cuentos infantiles (*children's stories*) que le lee a su hijo. Lee el índice y escribe los títulos en su forma original. Usa el diminutivo (**-ito/a**).

⮞ Cuentos Infantiles ⮜

1. Blancanieves (*Snow White*) y los siete ~~enanos~~ (*dwarves*) 2
2. ~~Caperuza~~ (*Little hood*) Roja 8
3. La ~~gallina~~ (*little hen*) colorada................16
4. El ~~pato~~ (*duckling*) feo................................22
5. La ~~sirena~~ (*little mermaid*) 26
6. Los tres ~~cerdos~~ (*little pigs*) 34
7. El ~~soldado~~ de plomo (*tin soldier*)................40
8. ~~Pulgar~~ (*thumb*) 46

1. _____ 3. _____ 5. _____ 7. _____
2. _____ 4. _____ 6. _____ 8. _____

B. Ahora, en parejas, escriban las primeras diez oraciones de un cuento infantil. Pueden narrar alguno de los cuentos tradicionales o inventar uno. Incluyan el mayor número posible de aumentativos y diminutivos.

3 **Opiniones** En parejas, imaginen que uno/a de ustedes cree en los ovnis. Discutan el tema. Usen aumentativos y diminutivos.

> *modelo*
> —Sé que los ovnis existen porque una noche vi unas lucecitas extrañas...
> —Estás un poco loquito. Seguramente viste lucecitas en tu cabezota.

8.1 The conditional

1 **Oraciones incompletas** Completa las oraciones con el condicional del verbo entre paréntesis.

1. María _____ (salir) con Juan porque le cae muy bien.

2. Si no llevara tantos libros, todo _____ (caber) en una sola maleta.

3. La comida no tiene sabor. Nosotros le _____ (poner) un poco más de sal.

4. No sé cuál _____ (ser) el mejor momento para llamar al gerente.

5. Le pregunté al médico cuánto _____ (valer) las medicinas que él me recetó.

2 **El futuro en el pasado** Usa el condicional para expresar el pasado de cada oración. Usa el pretérito o el imperfecto en las cláusulas principales. Sigue el modelo.

> modelo
>
> **Juan dice que llegará pronto.**
> Juan dijo que llegaría pronto.

1. Los empleados creen que recibirán un aumento el mes que viene.

2. El gerente afirma que la reunión será muy breve.

3. Carlos dice que nevará mañana y que suspenderán el viaje de negocios.

4. María nos cuenta que ella se jubilará en cinco años.

5. Muchas personas piensan que la globalización crecerá en el futuro próximo.

6. Los vendedores están seguros de que venderán el doble este año.

3 **Bien educado** ¿Cómo pedirías algo de manera educada en estas situaciones? Escribe una pregunta apropiada para cada situación usando el condicional.

1. Estás en un restaurante y te das cuenta de que no tienes servilleta.

2. Eres un(a) turista en Caracas y no sabes cómo llegar a la Plaza Venezuela.

3. Quieres que tu profesor(a) te diga cuál es tu nota en su clase.

4. Tienes un billete de $5 y necesitas monedas para hacer una llamada telefónica.

5. Estás en la biblioteca y no puedes encontrar el libro que necesitas. Le pides ayuda al bibliotecario.

4 **Profesiones misteriosas** Elige tres profesiones interesantes. Luego reúnete con tres compañeros/as y, sin mencionar cuáles son, diles lo que harías hoy si trabajaras en cada una de esas profesiones. Tus compañeros/as deben adivinar cuáles elegiste.

> modelo
>
> **ESTUDIANTE 1** Hoy me levantaría temprano y después desayunaría con mi esposa. Por la mañana trabajaría en mi oficina y almorzaría con el presidente de Francia. Por la tarde asistiría a una sesión de la Cámara de Representantes... ¿Quién soy?
>
> **ESTUDIANTE 2** Eres el presidente de los Estados Unidos.

Más práctica Activities

8.2 The past subjunctive

1 **Un robo** Tu amiga Francisca acaba de volver del banco y te cuenta lo que le pasó: ¡alguien intentó robar el banco! Completa su historia con el imperfecto del subjuntivo de los verbos entre paréntesis.

Un hombre que llevaba una máscara entró al banco y nos dijo a todos que (1) _____ (acostarse) boca abajo en el piso. Después les ordenó a todos los empleados que (2) _____ (sacar) todo el dinero de la caja y que lo (3) _____ (poner) en una mochila. El gerente vino en ese momento y le pidió al ladrón que (4) _____ (irse) del banco sin hacerle daño a nadie. El hombre empezó a gritar e insistió en que todos nosotros le (5) _____ (prestar) atención. Nos prohibió que (6) _____ (hablar) entre nosotros. Empezó a quitarnos los relojes y las joyas, y nos exigió que (7) _____ (quedarse) en el piso. De repente una mujer se paró y regañó (*scolded*) al ladrón como si él (8) _____ (ser) su propio hijo. El hombre dejó caer todo lo que tenía en la mochila y se fue para la salida. Nos sorprendió que esa mujer (9) _____ (tener) tanto valor. ¡Ella dijo que dudaba que su hijo (10) _____ (volver) a robar de nuevo y que ella misma se encargaría de llevarlo ante un juez!

2 **Oraciones** Completa las oraciones de manera lógica. En algunos casos, tendrás que usar el imperfecto del subjuntivo.

1. Yo sabía que el gerente _____.

2. Era imposible que yo _____.

3. María y Penélope hicieron todo para que la reunión _____.

4. La empresa buscaba una persona que _____.

5. El vendedor estaba seguro de que el cliente _____.

6. En la conferencia, conociste a alguien que _____.

7. Sentí mucho que ustedes _____.

8. La empresa multinacional prohibió que sus empleados _____.

3 **La reunión** En parejas, imaginen que trabajan para la misma empresa. Uno/a de sus colegas no estuvo ayer y no asistió a una reunión muy importante. Túrnense para contarle lo que se dijo en la reunión. Utilicen los verbos de la lista y el imperfecto del subjuntivo.

aconsejar	pedir
estar seguro/a	proponer
exigir	recomendar
insistir en	sugerir

8.3 *Si* clauses with simple tenses

1 **Muy mandona** La jefa de Carlos es muy mandona (*bossy*). Elige el tiempo verbal correcto para completar sus órdenes.

1. Si usted no _____ (termina / terminaría) este reportaje antes de las dos, no va a cobrar su sueldo este mes.

2. Si yo no tengo en mis manos el archivo hoy mismo, usted _____ (quedará / quedaría) despedido/a.

3. Si usted _____ (trabajara / trabajaría) un poco más y _____ (hablara / hablaría) menos, terminaría su trabajo antes del Año Nuevo.

4. Si no _____ (estaba / estuviera) tan atrasado, tendría más tiempo para salir a festejar su cumpleaños esta noche.

5. Si usted no _____ (limpia / limpiara) su oficina, va a trabajar en el pasillo.

6. Si usted tiene algún problema con alguien en la oficina, no me _____ (dice / diga) nada, pues no tengo tiempo.

2 **Volver a vivir** Imagina que puedes volver a vivir un año de tu vida. Decide qué año quieres repetir y contesta las preguntas con oraciones completas.

1. Si pudieras elegir un año para vivirlo de nuevo, ¿qué año elegirías?

2. Si tuvieras que cambiar algo de ese año, ¿qué cambios harías?

3. Si pudieras llevar a alguien contigo, ¿a quién llevarías?

4. Si pudieras hacer algo que antes no pudiste hacer, ¿qué te gustaría hacer?

5. Si pudieras decirle a alguien lo que pasaría en el futuro, ¿qué le dirías?

3 **Consejos** Trabajen en grupos de cuatro. Cada uno debe escoger una de estas situaciones difíciles y luego explicar su problema al grupo. Los demás deben darle al menos cinco consejos para solucionar el problema. Utilicen oraciones con **si**.

> **❝**No tengo trabajo, pero sí tengo muchas deudas. Soy muy joven para tener tantos problemas. Estoy dispuesto/a a aceptar cualquier puesto. ¿Qué puedo hacer? **❞**

> **❝**Estoy cansado/a de trabajar más horas que un reloj y cobrar el sueldo mínimo. Tengo tres hijos pequeños. Mi esposo/a es ejecutivo/a y gana mucho dinero, pero siempre está fuera de casa. ¡Estoy agotado/a! **❞**

> **❝**Soy un(a) vendedor(a) exitoso/a, pero mi trabajo consiste en vender un producto defectuoso. Odio tener que mentir a los clientes. Quiero renunciar, pero temo no poder ganarme la vida en otro trabajo. **❞**

> **❝**Ayer fui al cajero automático y me di cuenta de que todos mis ahorros habían desaparecido. Creo que alguien robó mi identidad. ¡Me iré a la bancarrota! **❞**

9.1 The present perfect subjunctive

1 **La prensa sensacionalista** Completa las oraciones con la forma adecuada del presente del subjuntivo o del pretérito perfecto del subjuntivo de los verbos entre paréntesis.

1. Dudo que los actores _____ (casarse) anoche como anuncian las revistas.

2. No es posible que _____ (ser) un error; todo lo que se publica es verdad.

3. Estoy seguro de que muy pronto los actores negarán que _____ (separarse).

4. No puedo creer que ustedes _____ (comprar) esas revistas llenas de mentiras.

5. Es necesario que nosotros _____ (mantenerse) al tanto de las noticias.

6. No pienso que las revistas _____ (publicar) información verdadera.

7. Es poco probable que lo que sale en las revistas _____ (pasar) en la vida real.

8. Es muy importante que todos _____ (tener) la oportunidad de saber cómo vive la gente famosa.

9. No me gusta que ya _____ (mostrar) fotos de los bebés de los actores.

10. Todavía no puedo creer que Tom y Katie _____ (divorciarse).

2 **Deseos** Escribe tres deseos para el presente o el futuro utilizando el presente del subjuntivo, y tres deseos de que algo ya haya ocurrido utilizando el pretérito perfecto del subjuntivo. Comienza tus oraciones con **Ojalá**.

modelo

Ojalá mis padres disfruten de sus vacaciones el mes que viene.
Ojalá mi cheque haya llegado ya, pues necesito el dinero cuanto antes.

3 **Noticias increíbles** En parejas, inventen cuatro noticias increíbles. Luego, léanselas a otra pareja y túrnense para expresar su sorpresa o incredulidad. Utilicen el pretérito perfecto del subjuntivo.

modelo

PAREJA 1 En California han conseguido que un mono lea revistas.
PAREJA 2 No creemos que hayan logrado eso. Es imposible que los monos lean.

4 **Un día fatal** Piensa en el peor día que has tenido este mes. Luego, en grupos de tres, túrnense para compartir lo que les ha pasado. Deben responder a sus compañeros/as con el pretérito perfecto del subjuntivo. Utilicen frases de la lista.

Es una lástima que...	No puedo creer que...
Es una pena que...	Qué terrible que...
Espero que...	No me digas que...
Siento que...	No puede ser que...

modelo

ESTUDIANTE 1 Hace una semana fui al dentista y me dijo que tenía que sacarme tres dientes.
ESTUDIANTE 2 ¡Qué horrible que te haya pasado eso!
ESTUDIANTE 3 Espero que no te haya dolido mucho.

Más práctica Activities

9.2 Relative pronouns

Más práctica Activities

1 **En la radio** Completa este informe con las palabras apropiadas.

¡Hola a todos mis radioyentes! Soy yo, Pancho, el hombre (1) _____ (el que / que) siempre está listo para ayudarlos a festejar el fin de semana. A ver... (2) _____ (El que / Los que) no conocen a este cantante (3) _____ (cuyo / que) les voy a presentar ahora, escuchen bien. Se llama Matías y él apareció hace dos días en la revista *Moda*, en (4) _____ (la cual / el cual) supimos que es soltero y que está buscando... Chicas, ¡apúrense que este soltero guapo no va a durar mucho así! Matías, (5) _____ (el cual / cuyo) nuevo álbum se titula *Rayas*, va a actuar en vivo en la plaza central el mes que viene. No se lo pierdan. (6) _____ (Los que / Quien) no puedan ir, no se preocupen, porque sin duda este cantante volverá. Y ahora, vamos a escuchar la canción *Azul* de su nuevo álbum, (7) _____ (quienes / del cual) ya se han vendido ¡un millón de copias!

2 **Conexiones** Escribe cinco oraciones combinando elementos de las tres columnas y los pronombres relativos necesarios.

el/la periodista	que	hablar conmigo
el/la lector(a)	en la que	es ciego/a
el público	el cual	no tiene mucha información
la sección deportiva	en el que	no sabe nada
la crítica de cine	la cual	me molesta

3 **Adivinanzas** Piensa en una persona famosa y descríbela para que tu compañero/a adivine de quién se trata. Usa pronombres relativos en tu descripción.

modelo
—Es una mujer que es muy popular en el mundo de los deportes. Su hermana, con quien ella practica un deporte, es también muy famosa. Ella es la mayor de las dos. Su padre, quien es su entrenador (*coach*), es un hombre bastante controvertido. Los torneos que ella ha ganado son muy importantes. ¿Quién es?
—Es Venus Williams.

4 **Encuesta** Entrevista a tus compañeros/as de clase y anota los nombres de los que respondan que sí a estas preguntas. Introduce cada pregunta con una oración que incluya pronombres relativos. Sigue el modelo. Al finalizar, presenta los resultados a la clase.

modelo
¿Tus padres son extranjeros?
Estoy buscando a alguien cuyos padres sean extranjeros/que tenga padres extranjeros. ¿Tus padres son extranjeros?

- ¿Viajaste al extranjero recientemente?
- ¿Te gusta el cine en español?
- ¿Te gustan las películas de terror?

- ¿Te gustan los documentales?
- ¿Conoces a alguna persona famosa?
- ¿Tus hermanos/as escuchan ópera?

9.3 The neuter *lo*

1 **Chisme** Dos fanáticas de Fabio, un famoso actor de telenovelas, hablan de su nuevo corte de pelo. Completa la conversación usando expresiones con **lo**. Puedes usar las opciones más de una vez.

> | | |
> |---|---|
> | lo bonito | lo peor |
> | lo difícil | lo que |
> | lo feo | lo ridículo |

INÉS ¿Has leído las noticias hoy? No vas a creer (1) _____ hizo Fabio.

ANGELINA Bueno, ¡cuéntame! (2) _____ es ser la última en saber.

INÉS ¿Recuerdas (3) _____ que tenía el pelo? Ahora...

ANGELINA ¿Qué hizo? (4) _____ no soporto es un hombre rapado (*shaved*)...

INÉS Sí, lo adivinaste. Y, para colmo, ahora no sabes (5) _____ que es reconocerlo en las fotos.

ANGELINA Su pelo era (6) _____ más me gustaba.

INÉS (7) _____ dicen en las noticias es que va a perder todos sus contratos por este corte de pelo. El pobre se va a quedar sin trabajo.

ANGELINA El mundo del espectáculo... Siempre me asombra (8) _____ que es. ¿No saben acaso que el pelo crece enseguida?

INÉS Me pregunto si (9) _____ esto significa es que nosotras también somos unas ridículas por preocuparnos por estas cosas.

2 **Positivo y negativo** Escribe un aspecto positivo y otro negativo de cada una de las personas o cosas de la lista. Usa expresiones con **lo**.

> | | |
> |---|---|
> | la vida estudiantil | mi mejor amigo/a |
> | las vacaciones | la comida de la cafetería |
> | mis padres | mis clases |

> *modelo*
>
> Lo mejor de la vida estudiantil es que los estudiantes son muy simpáticos, pero lo peor es la tarea.

3 **Comentarios** En grupos de tres, preparen una lista de seis situaciones o acontecimientos que ustedes consideran extraordinarios o increíbles. Después, cada compañero/a debe reaccionar a esa situación o acontecimiento. Expresen sus opiniones usando **lo** + [*adjetivo*]. Sigan el modelo.

> *modelo*
>
> —El precio de la gasolina ha subido otra vez.
> —Es increíble lo cara que está la gasolina. Voy a tener que dejar de usar el carro.

10.1 The future perfect

1 **Oraciones** Combina los elementos y haz los cambios necesarios para formar oraciones con el futuro perfecto. Sigue el modelo.

> **modelo**
> **septiembre / autora / publicar / novela**
> Para septiembre, la autora habrá publicado su novela.

1. el año que viene / los dramaturgos / despedir / actor principal

2. el próximo semestre / yo / experimentar con / estilo realista

3. mañana / el poeta y yo / terminar / estrofa final

4. dentro de cinco años / tú / pintar / autorretrato famoso

5. finales de este año / la escultora / esculpir / obra maestra

2 **Probabilidad** Hoy han ocurrido una serie de cosas y tú no sabes muy bien por qué, pero imaginas lo que pudo haber pasado. Escribe oraciones para indicar lo que pudo haber pasado usando el futuro perfecto y la información indicada.

> **modelo**
> **Hoy cancelaron la obra de teatro. (actriz principal / sentirse enferma)**
> La actriz principal se habrá sentido enferma.

1. El novelista no pudo llegar a la conferencia. (su avión / retrasarse)

2. El escultor decidió no vender la escultura. (ellos / no ofrecerle suficiente dinero)

3. La pintora estaba muy contenta. (ella / vender un cuadro)

4. Juan no quiso seguir leyendo la novela. (no interesarle el argumento)

5. Ellas se marcharon antes de que terminara la obra de teatro. (tener un problema)

3 **¿Qué habrás hecho?** Imagina todo lo que harás entre este año y el año 2050. ¿Qué habrá sido de tu vida? ¿Qué habrás hecho? Escribe un párrafo describiendo lo que habrás hecho para entonces. Usa el futuro perfecto de seis verbos de la lista.

> **modelo**
> Para el año 2050, habré vivido en el extranjero y habré aprendido cinco idiomas.

aprender	estar	publicar	trabajar
celebrar	ganar	ser	ver
conocer	poder	tener	vivir

4 **Predicciones** En parejas, túrnense para hacer predicciones sobre lo que su compañero/a habrá logrado en cada década (*decade*) de su vida. Luego respondan a las predicciones.

> **modelo**
> —Para cuando cumplas treinta años, habrás recibido un doctorado en español.
> —No creo. Habré recibido un doctorado, pero en bioquímica.

10.2 The conditional perfect

1 **Oraciones relacionadas** Escribe los verbos de la segunda columna en el condicional perfecto para completar cada oración. Luego empareja las oraciones de manera lógica.

___ 1. Carmen no logró vender ni un solo cuadro.

___ 2. Miguel ya se había ido cuando los críticos dijeron que él era el mejor músico del concierto.

___ 3. En la fiesta, Julia puso una música muy aburrida.

___ 4. El videojuego era muy violento.

___ 5. Por fin se estrenó la película.

a. El director se preguntaba si le _____ (gustar) al público.

b. De saberlo, Bárbara no se lo _____ (comprar) a su nieto.

c. Yo, en su lugar, no _____ (pedir) tanto por los cuadros.

d. Yo _____ (poner) música bailable.

e. ¡Miguel no lo _____ (creer)!

2 **Pues yo...** Tú eres una persona muy crítica y casi nunca te gustan las pinturas o esculturas que ves ni los libros que lees. Siempre dices por qué algo no te gusta y después explicas cómo lo habrías hecho tú. Escribe oraciones con el condicional perfecto siguiendo el modelo.

> **modelo**
> **El final de la novela es demasiado cómico.**
> Yo habría escrito un final trágico.

1. El pintor usó colores muy oscuros. Yo...

2. La escultura es demasiado grande. Yo...

3. El cuadro no tiene mucha luz. Yo...

4. El argumento de la novela es demasiado complicado. Yo...

5. No entiendo por qué la artista pintó con acuarela. Yo...

6. Estas esculturas son surrealistas. Yo...

3 **Cuidando a los niños** Tu vecina te pide que cuides a sus hijos este fin de semana, pero primero quiere hacerte unas preguntas. Ella quiere saber qué habrías hecho tú en cada una de las situaciones que tuvieron lugar con el/la niñero/a anterior. En parejas, túrnense para representar la conversación. Utilicen el condicional perfecto.

> **modelo**
> **dejar / los platos sucios**
> — La chica que cuidó a los niños el domingo pasado dejó todos los platos sucios en la cocina.
> — Pues, yo los habría lavado antes de irme.

1. no darle de comer / el perro

2. perder / las llaves de la casa

3. mirar / la televisión toda la noche

4. escuchar / música muy fuerte

5. no leer / cuentos infantiles

6. no jugar / los niños

7. cobrar / demasiado

8. no acostar / los niños

10.3 The past perfect subjunctive

1

Completar Ignacio y Teresa acaban de volver del museo. Completa su conversación con el pluscuamperfecto del subjuntivo.

IGNACIO Nunca me habría imaginado que Picasso (1) _____ (pintar) algo tan impresionista.

TERESA Esa obra no la hizo Picasso, Juan. Si (2) _____ (fijarse) con más cuidado, te habrías dado cuenta de que la pintó Monet.

IGNACIO Pues, también me sorprendió que Velázquez (3) _____ (hacer) algo tan contemporáneo.

TERESA Te equivocas de nuevo, Juan. Si (4) _____ (escuchar) con atención al guía del museo, habrías aprendido un poco más sobre el arte.

IGNACIO Y si tú (5) _____ (prestar) atención (*pay attention*) cuando ayer te dije que odio los museos, no estaríamos teniendo esta discusión.

TERESA Si me lo (6) _____ (decir) otra vez, me habría enterado. Ya sabes que soy muy distraída.

2

Preocupados Termina las oraciones de forma lógica. Utiliza el pluscuamperfecto del subjuntivo.

1. El escultor tenía miedo de que sus esculturas _____
   _____.

2. A la novelista le molestó que los críticos _____
   _____.

3. El escritor no estaba seguro de que su obra _____
   _____.

4. El ensayista dudaba que el manuscrito _____
   _____.

5. La poeta temía que el público _____
   _____.

3

En otro ambiente ¿Qué habría pasado si en vez de asistir a esta escuela hubieras ido a otra? ¿Qué cosas habrían sido diferentes? En parejas, háganse preguntas sobre este tema. Después, compartan sus respuestas con la clase. Utilicen el pluscuamperfecto del subjuntivo y el condicional perfecto.

> **modelo**
> —¿Qué habría sido distinto si no hubieras estudiado aquí?
> —Si hubiera ido a otra escuela, no habría conocido a mi mejor amigo y no me
>   habría divertido tanto...

¡Bienvenida, Mariela!   Lección 1

Antes de ver el video

1 **¿Qué están diciendo?** En la primera lección, los empleados de la revista *Facetas* conocen a Mariela, una nueva compañera de trabajo. Observa esta imagen y haz predicciones sobre lo que está ocurriendo.

_____

_____

_____

_____

_____

_____

_____

Mientras ves el video

2 **Completar** Completa las conversaciones con lo que escuchas en el video.

1. **JOHNNY** En estos momentos _____ en el _____.

   DIANA ¡No! Di que _____ _____ con un cliente.

2. **JOHNNY** Jefe, _____ un mensaje de Mariela Burgos.

   AGUAYO _____ a reunirse con nosotros.

3. **JOHNNY** Perfecto. Soy el _____ Juan Medina.

   ÉRIC _____ a *Facetas*, señor Medina.

4. **AGUAYO** Hay que ser _____ al contestar el teléfono.

   DIANA Es una _____.

5. **DIANA** Me han hablado tanto de ti que estoy _____ por conocer tu propia versión.

   MARIELA Estudio en la UNAM y _____ de una familia grande.

6. **FABIOLA** ¿Qué te _____?

   ÉRIC Creo que es bella, _____ e inteligente.

3 **¿Quién hace esto?** Escribe el nombre de los personajes que hacen estas acciones.

1. Ordena una pizza. _____

2. Le presenta el equipo de empleados a Mariela. _____

3. Contesta el teléfono. _____

4. Da su opinión sobre Mariela. _____

5. Hacen una demostración de cómo recibir a un cliente. _____

Video Activities: *Fotonovela*

Lección 1 Fotonovela Video Activities   **31**

Después de ver el video

4   **Corregir** Estas oraciones son falsas. Reescríbelas con la información correcta.

1. Diana les da a sus compañeros copias de la revista *Facetas*.

_____

2. Aguayo les explica a sus empleados cómo contestar una carta.

_____

3. Mariela ordena una pizza porque tiene hambre.

_____

4. Mariela viene de una familia pequeña de sólo dos hijos.

_____

5. Al final, Fabiola y Éric hablan de comida.

_____

_____

5   **En tu opinión** Contesta estas preguntas.

1. ¿Crees que Johnny y Éric deben cambiar sus actitudes en el trabajo? Explica.

_____

2. ¿Qué empleado/a de la oficina es más serio/a? ¿Quién es el/la más divertido/a? ¿Por qué?

_____

_____

3. ¿Cuál de los personajes tiene el trabajo más interesante? ¿Por qué?

_____

_____

4. ¿Cómo es la relación de los empleados con Aguayo? Explica tu respuesta.

_____

_____

5. Mariela tiene una familia muy grande. ¿Y tú? ¿Cómo es tu familia?

_____

_____

6   **Escribir** Hay seis personajes principales en el video. Elige a dos de ellos y luego escribe una descripción que incluya características físicas, de la personalidad y tu impresión personal de cada uno. Escribe al menos tres oraciones sobre cada uno.

_____

_____

_____

_____

_____

_____

_____

¡Tengo los boletos! Lección 2

Antes de ver el video

1 **¿Qué boletos?** Mariela tiene unos boletos en la mano. ¿Para qué evento crees que serán? ¿Invitará a alguna persona de la oficina? Imagina una conversación entre Mariela, Aguayo y Fabiola.

_____
_____
_____
_____
_____
_____

Mientras ves el video

2 **¡Es viernes!** Escucha con atención la conversación entre Johnny y Éric, e indica cuáles de estas palabras o verbos se mencionan.

1. _____ el cine
2. _____ el concierto
3. _____ la fiesta
4. _____ el teatro
5. _____ divertirse
6. _____ el fútbol
7. _____ la discoteca
8. _____ aburrirse

3 **Completar** Escucha con atención esta conversación entre Éric y Diana. Luego, completa las oraciones.

ÉRIC Diana, ¿te puedo (1) _____ un (2) _____?

DIANA Estoy algo (3) _____.

ÉRIC Es que se lo (4) _____ que contar a una (5) _____.

DIANA Hay dos (6) _____ más en la oficina.

ÉRIC Temo que se rían (7) _____ se lo cuente.

DIANA ¡Es un (8) _____!

ÉRIC Temo que se rían de (9) _____ y no del (10) _____.

DIANA ¿Qué te hace (11) _____ que yo me voy a (12) _____ del chiste y no de ti?

ÉRIC No sé, tú eres una (13) _____ seria.

DIANA ¿Y por qué se lo tienes que (14) _____ a una (15) _____?

ÉRIC Es un (16) _____ para conquistarlas.

Lección 2 Fotonovela Video Activities

Video Activities: Fotonovela

Después de ver el video

4 **¿Por qué?** Contesta estas preguntas sobre el estado de ánimo de los personajes.

1. ¿Por qué Éric está tan triste y deprimido?

_____

2. ¿Qué consejo le da Johnny a Éric para enamorar a una mujer?

_____

3. ¿Por qué Mariela está tan entusiasmada y feliz?

_____

4. ¿Por qué se ríe tanto Diana?

_____

_____

5 **¿Qué dicen exactamente?** Las siguientes oraciones son incorrectas. Léelas con atención y luego reescríbelas con la información correcta.

1. Éric está con cara triste porque está enfermo.

_____

2. ¡Anímate! Es mitad de mes.

_____

3. Necesitas aburrirte.

_____

4. Tienes que contarles mentiras.

_____

5. Conexión. Aquí tengo el disco compacto. ¿Lo quieren ver?

_____

6. Deséenme buen viaje.

_____

7. ¿Alguien tiene café?

_____

8. ¿Lo hiciste tú o sólo lo estás bebiendo?

_____

6 **Piropos o chistes** Johnny le dice a Éric que, para atraer a las chicas, hay que contarles chistes. Otra estrategia para conquistarlas es decirles piropos (*compliments*) graciosos. Escribe chistes o piropos que tú le dirías a una persona para conquistarla.

_____

_____

_____

_____

_____

_____

_____

¿Alguien desea ayudar?   Lección 3

Antes de ver el video

1 **¡Estoy a dieta!** Diana regresa del almuerzo con unos dulces. ¿Sobre qué crees que están hablando Diana, Aguayo y Mariela? Inventa una pequeña conversación entre ellos.

_____

_____

_____

_____

_____

_____

_____

Mientras ves el video

2 **¿Cierto o falso?** Escucha con atención la primera parte del video e indica si las siguientes oraciones son **ciertas** o **falsas**.

Cierto	Falso	
❑	❑	1. Diana odia los fines de semana.
❑	❑	2. Fabiola y Diana siempre discuten los lunes.
❑	❑	3. Los hijos de Diana la ayudan con las tareas del hogar.
❑	❑	4. Fabiola va de compras con la hija mayor de Diana.
❑	❑	5. Diana no supervisa los gastos de sus hijos.
❑	❑	6. La suegra de Diana perdió la tarjeta de crédito.

3 **Completar** Escucha lo que dicen Aguayo y sus empleados. Luego completa las oraciones.

almorcé	comí	limpieza
almuerzo	enfermo	llegué
aspiradora	esfuerzo	querías
ayudarte	estuviste	traje

1. El señor de la _____ dejó un recado (mensaje) diciendo que está _____.

2. Voy a pasar la _____ a la hora del _____.

3. Les _____ unos dulces para premiar su _____.

4. Qué pena que no _____ a tiempo para _____.

5. Lo mismo digo yo. Y eso que _____ tan de prisa que no comí postre.

6. Tienes lo que _____ y yo también. Por cierto, ¿no _____ en el dentista?

Video Activities: Fotonovela

Después de ver el video

4   **Excusas** Aguayo pide ayuda a sus empleados para limpiar la oficina, pero todos tienen una excusa. Completa las siguientes oraciones, escribiendo cuál es la excusa de cada personaje.

1. Fabiola no puede ayudar porque _____

2. Diana no puede ayudar porque _____

3. Éric no puede ayudar porque _____

4. Johnny no puede ayudar porque _____

5   **¡Qué buena es Mariela!** Mariela es la única que ayuda a Aguayo a limpiar la oficina. Escribe todas las tareas que hacen entre los dos. Luego, inventa otras tareas que podrían haber hecho.

_____

_____

_____

_____

6   **Limpiar y desinfectar** Escribe un párrafo de al menos diez líneas indicando qué tareas hiciste la última vez que limpiaste y ordenaste tu casa. Puedes usar los verbos de la lista.

barrer	ordenar
lavar	pasar la aspiradora
limpiar	quitar el polvo

_____

_____

_____

_____

_____

_____

_____

_____

_____

_____

_____

_____

_____

_____

_____

¿Dulces? No, gracias.

Lección 4

Antes de ver el video

1 **¡Adiós, dulcísimos!** A Johnny le encantan los dulces, pero ha decidido mejorar su alimentación y, por eso, parece que Johnny se está despidiendo de los dulces. ¿Qué crees que está diciendo? Imagina un monólogo y escríbelo.

_____
_____
_____
_____
_____
_____

Mientras ves el video

2 **Completar** Escucha con atención la escena en la sala de reuniones y completa la conversación entre Aguayo, Diana, Éric y Mariela.

AGUAYO Quiero que (1) _____ unos cambios a estos (2) _____.

DIANA (3) _____ que son buenos y (4) _____, pero tienen dos problemas.

ÉRIC Sí. Los (5) _____ son buenos no son originales, y los que son originales no son (6) _____.

AGUAYO ¿Qué (7) _____?

AGUAYO ¿(8) _____ la voz?

DIANA (9) _____ a Dios… Por un momento (10) _____ que me había quedado (11) _____.

AGUAYO Pero estás (12) _____, deberías estar en (13) _____.

ÉRIC Sí, (14) _____ haber llamado para (15) _____ que no (16) _____.

3 **¿Cuándo pasó?** Ordena las oraciones cronológicamente.

_____ a. Fabiola y Johnny hablan en la cocina.

_____ b. Mariela no puede contestar el teléfono de Aguayo.

_____ c. Johnny llega a la oficina muy temprano.

_____ d. Johnny come la Chocobomba.

_____ e. Don Miguel come un dulce.

Video Activities: Fotonovela

Después de ver el video

4 **Oraciones falsas** Estas oraciones son falsas. Reescríbelas con la información correcta.

1. **Johnny:** Madrugué para ir al acuario.

_____

2. **Diana:** A veces me dan ganas de comer, y entonces hago ejercicio hasta que se me pasan las ganas.

_____

3. **Fabiola:** Yo, por ejemplo, no como mucho; pero trato de descansar y hacer poco ejercicio.

_____

4. **Johnny:** Comida bien grasienta (*greasy*) y alta en calorías. Juré que jamás volvería a probar las verduras.

_____

5. **Johnny:** Si no puedes comer bien, disfruta comiendo mal. No soy feliz.

_____

5 **¿Estás de acuerdo con ellos?** Explica qué hacen estos tres personajes, o qué piensan que deben hacer, para mantenerse sanos, en forma y felices. Luego, explica si estás de acuerdo o no con cada uno de ellos y por qué.

_____
_____
_____
_____
_____
_____
_____
_____
_____
_____
_____
_____

6 **¿Adictos a la vida sana?** ¿Cómo es un(a) estudiante típico/a de tu escuela? ¿Lleva una dieta sana o come comidas rápidas? ¿Hace ejercicio o prefiere descansar "hasta que se le pasen las ganas" como Diana? ¿Y tú? ¿Eres o no adicto/a a la vida sana?

_____
_____
_____
_____

¡Buen viaje!

Lección 5

Antes de ver el video

1 **En la selva** En este episodio Éric y Fabiola hablan de su viaje a Venezuela. Mira la fotografía y describe qué crees que están haciendo Éric y Johnny.

_____

_____

_____

_____

_____

_____

_____

Mientras ves el video

2 **Seleccionar** Escucha atentamente el video y marca todas las palabras y frases que **NO** se usan en este episodio.

_____ 1. alojamiento	_____ 6. ecoturismo	_____ 11. inseguridad	_____ 16. árboles
_____ 2. arriesgado	_____ 7. enfrentar	_____ 12. peligro	_____ 17. selva
_____ 3. artículo	_____ 8. enojado	_____ 13. quejarse	_____ 18. tomando fotos
_____ 4. cobardes	_____ 9. explorando	_____ 14. rayas	_____ 19. turístico
_____ 5. protegido	_____ 10. guía fotográfico	_____ 15. rayos	_____ 20. valiente

3 **Ordenar** Escucha con atención las primeras escenas del video y ordena las oraciones del uno al seis.

_____ a. El autobús del hotel nos va a recoger a las 8:30.

_____ b. ¿Y ese último número para qué es?

_____ c. Tenemos que salir por la puerta 12.

_____ d. Es necesario que memoricen esto.

_____ e. Es lo que van a tener que pagar por llegar en taxi al hotel si olvidan los dos números primeros.

_____ f. Cuarenta y ocho dólares con cincuenta centavos.

4 **¿Quién lo dice?** Presta atención a la conversación entre Aguayo, Éric, Diana, Johnny y Mariela al final del episodio, y escribe el nombre del personaje que dice cada oración.

_____ 1. Pero te puede traer problemas reales.

_____ 2. Es necesario que dejes algunas cosas.

_____ 3. Todo lo que llevo es de primerísima necesidad.

_____ 4. Debe ser emocionante conocer nuevas culturas.

_____ 5. Espero que disfruten en Venezuela y que traigan el mejor reportaje que puedan.

Video Activities: Fotonovela

Después de ver el video

5 **¿Lo sabes?** Contesta estas preguntas.

1. ¿Por qué van Éric y Fabiola a Venezuela?

_____

2. ¿Qué les da Diana a Fabiola y a Éric?

_____

3. ¿Qué tiene Fabiola que Éric quiere ver?

_____

4. ¿Qué deben memorizar Éric y Fabiola?

_____

5. ¿Por qué Éric se viste de explorador?

_____

6. ¿Qué consejo les da Johnny a Éric y a Fabiola?

_____

6 **¡Tu mejor amigo/a se va de viaje!** Tu mejor amigo/a está preparando un viaje de un mes a un país remoto y exótico del cual no sabe nada. Lee las inquietudes (*concerns*) de tu amigo/a y completa las oraciones para darle consejos sobre el tipo de cosas que necesita.

Inquietudes de tu amigo/a	Consejos
No conoce el idioma.	1. Busca una persona que _____. 2. Lleva un diccionario de bolsillo (*pocket*) que _____.
No conoce las costumbres.	3. Antes de ir, lee una guía que _____.
Hace frío y llueve mucho.	4. Lleva ropa y zapatos que _____.
La altitud lo/la hace sentir muy cansado/a.	5. Planea excursiones que _____. 6. Come comida que _____.

7 **La aventura ha comenzado** Imagina que eres Éric y estás en Venezuela tomando fotos para el reportaje de ecoturismo. Cuenta en tu diario lo que hiciste, lo que viste y lo que pensaste en un día cualquiera de tu viaje.

_____

_____

_____

_____

_____

_____

_____

_____

Cuidando a Bambi   Lección 6

Antes de ver el video

1 **¡Uy, qué miedo!** Parece que algo extraño está pasando hoy en la oficina. Describe lo que ves en esta imagen y explica qué crees que está pasando.

_____

_____

_____

_____

_____

_____

_____

Mientras ves el video

2 **¿Cierto o falso?** Indica si estas oraciones son **ciertas** o **falsas**.

Cierto	Falso	
❏	❏	1. A Fabiola le encantan las arañas.
❏	❏	2. Mariela cree que la radiación podría exterminar las cucarachas.
❏	❏	3. El café que hace Aguayo es especialmente malo.
❏	❏	4. Aguayo va de vacaciones a un lugar donde hay mar.
❏	❏	5. Mariela va a cuidar el pez de Aguayo.
❏	❏	6. A Aguayo le encanta explorar y disfrutar de la naturaleza.
❏	❏	7. A Fabiola le fascina la comida enlatada.
❏	❏	8. Aguayo colecciona fotos de animales en peligro de extinción.

3 **Bambi** Escucha con atención esta escena sobre Bambi y completa la conversación entre Diana, Fabiola y Mariela.

FABIOLA Nos quedaremos (1) _____ a Bambi.

DIANA Ay, no sé ustedes, pero yo lo veo muy (2) _____.

FABIOLA Claro, su (3) _____ lo abandonó para irse a dormir con las

(4) _____.

MARIELA ¿Por qué no le (5) _____ de comer?

DIANA Ya le he (6) _____ tres veces.

MARIELA Ya sé, podríamos darle el (7) _____.

Lección 6 Fotonovela Video Activities   **41**

Después de ver el video

4 **¿Qué es lo correcto?** Selecciona la respuesta correcta para cada pregunta.

1. ¿Qué extraña Johnny? _____
a. las islas del Caribe   b. las playas del Caribe   c. los peces del Caribe

2. ¿Qué está haciendo Éric? _____
a. fotografiando islas   b. catalogando fotos de islas   c. soñando con el Caribe

3. ¿Cuántas fotos de las playas del Caribe ha visto Éric? _____
a. trescientas   b. doscientas   c. cuatrocientas

4. ¿Quién es Bambi? _____
a. el venadito de Mariela   b. el pez de Aguayo   c. un perrito con cara de pez

5. ¿Qué nombre sugiere Fabiola para el pez? _____
a. Bambi   b. Bimba   c. Flipper

5 **¿Qué sabes sobre Bambi?** Contesta estas preguntas.

1. ¿Cuántas veces al día puede comer Bambi?

2. ¿Qué encontró Fabiola en el escritorio de Johnny?

3. ¿Por qué quiere Mariela darle la ballenita a Bambi?

4. ¿Qué hace Mariela para alegrar a Bambi? ¿Por qué?

5. ¿Quién está celoso (*jealous*) de Bambi? ¿Por qué?

6 **De campamento** Imagina que eres Aguayo y estás de campamento con tu familia. Escribe una entrada de diario explicando qué hicieron y qué vieron.

7 **Opiniones y preferencias** Contesta las preguntas explicando tu respuesta.

1. ¿Te dan miedo las arañas? ¿Qué haces tú cuando ves una araña? ¿Por qué?

2. ¿Qué tipo de alojamiento prefieres cuando sales de vacaciones? ¿Prefieres quedarte en un hotel o acampar? ¿Por qué?

Video Activities: Fotonovela

El poder de la tecnología   **Lección 7**

Antes de ver el video

1 **Sobredosis de euforia** Mira la imagen y describe lo que ves. ¿Qué crees que está pasando? Tal vez el título de esta lección puede darte una pista (*clue*).

_____

_____

_____

_____

_____

_____

_____

Mientras ves el video

2 **Seleccionar** Escucha con atención la primera escena del video y selecciona todas las palabras que escuches.

_____ 1. agujerito   _____ 6. grandota   _____ 11. pantalla líquida

_____ 2. capacidad   _____ 7. herramienta   _____ 12. satélite

_____ 3. conexión   _____ 8. imagen digital   _____ 13. sobredosis

_____ 4. control remoto   _____ 9. instalación   _____ 14. sonido indefinido

_____ 5. firmita   _____ 10. Internet   _____ 15. transbordador espacial

3 **¿Cierto o falso?** Mira la segunda escena del video e indica si las afirmaciones son **ciertas** o **falsas**.

Cierto	Falso	
❑	❑	1. Johnny está en el suelo desmayado.
❑	❑	2. Diana llama a una ambulancia.
❑	❑	3. Según Fabiola, Johnny sufrió una sobredosis de euforia.
❑	❑	4. El hombre que entrega la pantalla está acostumbrado a ver personas que se desmayan.
❑	❑	5. Aguayo intenta reanimar (*revive*) a Johnny con sal.

4 **Completar y nombrar** Escucha con atención las escenas del video y completa las preguntas. Luego, escribe el nombre del personaje que hace cada pregunta.

_____ 1. ¿Sabían que en el _____ espacial de la NASA tienen este tipo de _____?

_____ 2. ¿Dónde _____ a instalarla?

_____ 3. ¿Qué? ¿No _____ una _____?

_____ 4. ¿Estás _____ de que _____ lo que haces?

_____ 5. ¿Adónde se _____ la luz cuando se _____?

Lección 7 Fotonovela Video Activities   **43**

Video Activities: *Fotonovela*

Después de ver el video

5 **El poder de la tecnología** Contesta estas preguntas sobre el episodio.

1. ¿Cómo se siente Johnny cuando ve a los dos hombres que traen una caja enorme? ¿Por qué?

_____

2. ¿Qué características tiene la pantalla líquida que recibe *Facetas*?

_____

3. ¿Por qué crees que se desmaya Johnny?

_____

4. Según Mariela, ¿cuál es la causa del desmayo de Johnny?

_____

5. ¿Para qué le da Éric sal a Aguayo?

_____

6. ¿Cómo reanima (*revive*) Diana a Johnny?

_____

7. ¿Quién se ofrece de voluntario para instalar la pantalla? ¿Quién lo ayuda?

_____

8. ¿Qué pasa cuando Johnny empieza a taladrar en la pared?

_____

9. ¿Qué usa Aguayo para llamar a su esposa? ¿Por qué?

_____

10. ¿Cuál piensas que fue la reacción de sus compañeros cuando Mariela dijo: "Adónde se va la luz cuando se va"?

_____

6 **¿Qué opinas?** Comenta la observación de Diana: "Nada ha cambiado desde los inicios de la humanidad". ¿Por qué crees que lo dice? ¿Estás de acuerdo con ella? Explica con ejemplos.

_____

_____

_____

7 **¿Vida sin tecnología?** Haz una lista de los aparatos electrónicos que usas cada día. ¿Te imaginas la vida sin ellos? ¿Cuáles son indispensables para ti? ¿Cómo contribuyen estos aparatos a hacer tu vida más fácil o más divertida? Contesta las preguntas y explica con ejemplos. Escribe al menos cinco oraciones.

_____

_____

_____

_____

_____

_____

_____

Necesito un aumento

Lección 8

Antes de ver el video

1 **Un aumento de sueldo** Fabiola le pedirá a Aguayo un aumento de sueldo. ¿Crees que Fabiola tendrá éxito? Imagina que está ensayando (*practicing*) con sus colegas lo que va a decirle a Aguayo. Escribe la conversación entre Fabiola y sus compañeros.

_____

_____

_____

_____

_____

_____

_____

Mientras ves el video

2 **Completar** Aguayo y los empleados de *Facetas* recuerdan el primer día de Fabiola y de Johnny. Presta atención a estos dos segmentos y completa las oraciones.

1. Mi padre es _____ y no es _____.
2. Por un momento _____ que me había _____ de ti.
3. Se supone que _____ aquí hace media hora y, sin embargo, _____ tarde.
4. Aquí se _____ a las nueve.
5. En mi _____ anterior _____ a las cuatro de la mañana y jamás _____ tarde.

3 **¿Quién lo dice?** Diana habla con Fabiola y Éric del regalo que quieren hacerle a Aguayo. Escucha con atención esta parte de la conversación y escribe el nombre del personaje que dice cada oración.

Personaje

1. Chicos, he estado pensando en hacerle un regalo de aniversario a Aguayo. _____

2. Siento no poder ayudarte, pero estoy en crisis económica. _____

3. Por lo menos ayúdenme a escoger el regalo. _____

4. Debe ser algo importado. Algo pequeño, fino y divertido. _____

5. ¿Qué tal un pececito de colores? _____

4 **Ordenar** Ordena las acciones del uno al cinco.

_____ a. Fabiola habla con Aguayo en su oficina.

_____ b. Aguayo recuerda cuando Fabiola llegó a la oficina para una entrevista.

_____ c. Mariela le da un billete a Éric.

_____ d. Diana recuerda el primer día que Johnny trabajó en la oficina.

_____ e. Aguayo brinda por el éxito de la revista y por quienes trabajan duro.

Video Activities: *Fotonovela*

Después de ver el video

5 **¿Sabes la respuesta?** Contesta las preguntas dando tantos detalles como puedas.

1. ¿Qué celebra la revista *Facetas*?

   _____

2. ¿Por qué pensó Éric que Fabiola era millonaria?

   _____

3. ¿A qué hora entraba Johnny a su antiguo trabajo?

   _____

4. ¿Qué le apostó Mariela a Johnny? ¿Quién ganó la apuesta?

   _____

5. ¿Por qué Fabiola no puede ayudar a comprar un regalo para Aguayo?

   _____

6. ¿Por qué cree Fabiola que merece un aumento de sueldo?

   _____

7. ¿Qué compañías dice Fabiola que están detrás de ella?

   _____

6 **Un aumento de sueldo** Has trabajado duro durante dos años en la misma empresa y crees que mereces un aumento de sueldo. Escribe una conversación entre tu jefe y tú.

_____

_____

_____

_____

_____

_____

_____

_____

_____

7 **¡Cuántos recuerdos!** En este episodio, algunos de los empleados de *Facetas* recuerdan su primer día de trabajo en la revista. ¿Recuerdas tú tu primer día en la escuela primaria o tu primer día en la escuela secundaria? ¿Cómo te sentías? ¿Qué hiciste? ¿A quién conociste? Usa estas preguntas como guía para contar lo que ocurrió ese día. Escribe por lo menos seis oraciones.

_____

_____

_____

_____

_____

_____

_____

_____

_____

¡O estás con ella o estás conmigo! — Lección 9

Antes de ver el video

1 **¿Qué tal te fue?** Fabiola regresa de una entrevista con Patricia Montero, la gran actriz de telenovelas. Lee el título de este episodio y observa la imagen. ¿Qué crees que van a hacer Johnny y Aguayo? ¿Quién dice "o estás con ella o estás conmigo"? ¿Por qué? Escribe cuatro predicciones sobre los eventos que ocurrirán en este episodio.

_____

_____

_____

_____

_____

_____

_____

Mientras ves el video

2 **¿Quién lo dice?** Escucha con atención la segunda escena del video y escribe el nombre del personaje que dice cada oración.

_____ 1. Y al terminar la entrevista, cuando salí del camerino, un señor se me acercó y me preguntó si yo era la doble de Patricia Montero.

_____ 2. ¿Y qué le dijiste?

_____ 3. Dije, bueno… Sí.

_____ 4. No puedo creer que hayas hecho eso.

_____ 5. No tuve opción. Fue una de esas situaciones en las que uno, aunque realmente, realmente no quiera, tiene que mentir.

_____ 6. ¿Y qué pasó después?

_____ 7. Me dio estos papeles.

_____ 8. ¡Es el guión de la telenovela!

3 **Completar el final** Escucha con atención el segmento del video en el que Fabiola ensaya su escena. Escribe la letra del final correcto de cada oración en el espacio que está al final de la primera columna. Luego, completa los espacios en la segunda columna con la información que escuches.

Principio	Final
1. Página tres. La escena en la que _____	a. _____. ¡O estás con ella o estás conmigo!
2. ¡Fernando Javier! Tendrás que _____	b. _____. Espero que se hayan divertido a mis espaldas.
3. Ni la amo a ella, ni te amo _____	c. Valeria _____ a Fernando con Carla.
4. Sé que decidieron _____	d. _____. Las amo a las dos.

Video Activities: *Fotonovela*

Después de ver el video

4 **Ordenar** Ordena los sucesos del video con números del uno al seis.

_____ a. Aguayo y Johnny interrogan a Fabiola con mucho interés.

_____ b. Fabiola entra a la oficina con un casco de ciclista (*bike helmet*), unas coderas (*elbow pads*) y unas rodilleras (*knee pads*).

_____ c. Aguayo empieza a leer emocionado una escena del guión.

_____ d. Fabiola, Johnny y Mariela ensayan las escenas de la telenovela en la oficina.

_____ e. Fabiola llega a la oficina después de una entrevista.

_____ f. Diana llega a la oficina con unos paquetes en la mano y se le caen.

5 **¿Por qué?** Contesta las preguntas con oraciones completas.

1. ¿Por qué crees que Aguayo deja que Fabiola ensaye sus escenas en la oficina?

   _____

2. Aguayo le dice a Fabiola: "Me alegro que hayas conseguido ese papel en la telenovela. El otro día pasé frente al televisor y vi un pedacito, sólo treinta segundos. Mi esposa no se la pierde". ¿Por qué crees que Aguayo enfatiza "sólo treinta segundos" y luego añade "Mi esposa no se la pierde"?

   _____

   _____

3. ¿Por qué se le caen los paquetes a Diana cuando llega a la oficina?

   _____

6 **Información y comunicación** Contesta estas preguntas y explica tus respuestas.

1. ¿Te gustan las telenovelas en español? ¿Sigues alguna telenovela en particular?

   _____

   _____

2. ¿A través de qué medio(s) de comunicación te gusta seguir la actualidad? ¿Por qué?

   _____

   _____

3. ¿Qué papel tiene Internet en las comunicaciones y en la cultura popular?

   _____

   _____

7 **Las telenovelas** Basándote en lo que sabes sobre las telenovelas y las escenas de Fabiola en este episodio, ¿cuáles son algunos elementos y situaciones típicos de las telenovelas? ¿Por qué crees que las telenovelas son tan populares? En tu opinión, ¿a qué tipo de personas les interesan las telenovelas? ¿A ti te gustan? ¿Por qué? Escribe por lo menos seis oraciones para responder a estas preguntas.

_____

_____

_____

_____

_____

_____

Unas pinturas... radicales   Lección 10

Antes de ver el video

1 **¡Es arte!** Lee el título de este episodio y observa la imagen para responder estas preguntas: ¿Qué significa la frase "pinturas radicales"? ¿Cuál sería la expresión opuesta? ¿Qué están haciendo Mariela, Éric y Johnny? ¿Notas diferencias o similitudes en sus expresiones faciales? ¿Por qué?

_____

_____

_____

_____

_____

_____

_____

Mientras ves el video

2 **Completar** Johnny, Éric y Mariela fingen que están en una galería de arte. Escucha con atención esta escena del video y completa la conversación.

JOHNNY   Me imagino que habrán (1) _____ toda la (2) _____. ¿Qué les parece?

ÉRIC   Habría (3) _____ ir al cine. Estas (4) _____ son una porquería.

JOHNNY   No puedes decir eso en una exposición. Si las obras no te gustan, puedes decir algo más (5) _____ como que son (6) _____ o radicales.

MARIELA   Si (7) _____ pensado que son (8) _____ o que son radicales lo habría dicho. Pero son horribles.

JOHNNY   Mariela, "horrible" (9) _____ no se (10) _____.

3 **¿Quién lo dijo?** Escribe el nombre del personaje que hizo cada uno de estos comentarios.

_____ 1. Es lo que la gente hace con el arte. Sea modernismo, surrealismo o cubismo, si es feo es feo.

_____ 2. Habría preferido ir al cine.

_____ 3. Es como el verso de un poema.

_____ 4. Voy a hablar con el artista para que le haga los cambios.

_____ 5. Podrías llegar a ser un gran vendedor de arte.

Video Activities: *Fotonovela*

Después de ver el video

4 **Oraciones falsas** Todas estas oraciones son falsas. Reescríbelas corrigiendo la información incorrecta.

1. Johnny lleva a la oficina unas esculturas para venderlas.

   _____

2. Mariela, Éric y Johnny fingen que están criticando las obras de arte en un museo.

   _____

3. Éric cree que en las galerías de arte debería haber más bebidas.

   _____

4. Diana cree que las pinturas de Johnny son impresionantes.

   _____

5. Fabiola quiere comprar las tres pinturas que Johnny tiene.

   _____

6. Johnny imagina que está dirigiendo una orquesta filarmónica en la oficina.

   _____

7. Fabiola cree que la *Mona Lisa* debería tener el pelo de color amarillo.

   _____

8. En vez de pagar la apuesta, Mariela prefiere invitar a Éric a cenar.

   _____

5 **¿Qué opinas?** ¿Qué piensas tú de la pintura que compra Fabiola? ¿Y de la *Mona Lisa*? Basándote en tus conocimientos de arte y en lo que has aprendido en esta lección, escribe una breve crítica de arte para cada uno de estos cuadros.

1. _____   2. _____

   _____   _____

   _____   _____

   _____   _____

6 **En una subasta** Si pudieras comprar cualquier obra de arte que quisieras, ¿qué obra (o qué tipo de obra) comprarías? ¿Por qué? ¿Qué harías con la obra? Escribe al menos seis oraciones para contestar estas preguntas.

_____

_____

_____

_____

_____

_____

Video Activities: Fotonovela

contextos

1 **Identificar** Marta va a leer una breve descripción de Caro, su compañera de apartamento. Marca los adjetivos que escuches en su descripción.

_____ cariñosa	_____ madura
_____ falsa	_____ mentirosa
_____ graciosa	_____ orgullosa
_____ harta	_____ preocupada
_____ insensible	_____ tacaña
_____ insensata	_____ tranquila

2 **No entiendo** Vuelve a escuchar lo que dice Marta de Caro e indica si lo que dicen las oraciones es cierto o **falso**.

	Cierto	Falso
1. Marta está feliz de vivir con Caro.	❑	❑
2. Caro es falsa.	❑	❑
3. Marta siempre termina pagando la comida.	❑	❑
4. Vivir con Caro es muy fácil.	❑	❑
5. Caro es muy madura.	❑	❑

3 **Una carta muy especial** Rosa, una psicóloga, tiene un programa de radio en el que da consejos sobre problemas sentimentales. Escucha mientras Rosa lee una carta de sus oyentes. Después, completa las oraciones con la opción correcta.

1. La persona que escribe la carta es _____.
   a. un chico joven   b. un señor mayor   c. una abuelita

2. Antonio está _____.
   a. ansioso   b. casado   c. viudo

3. Los amigos de Antonio _____.
   a. son geniales   b. no tienen experiencia   c. siempre tienen
   en temas sentimentales   vergüenza

4. Antonio piensa que _____.
   a. su novia está agobiada   b. su novia coquetea   c. su novia odia a
   por Juan Carlos   con Juan Carlos   Juan Carlos

5. Antonio no quiere hablar con Juan Carlos sobre este problema porque _____.
   a. Juan Carlos es sensible   b. Antonio es tímido   c. Antonio es orgulloso

6. Antonio _____.
   a. no quiere discutir con   b. quiere discutir   c. quiere discutir con
   su novia   con Juan Carlos   sus amigos

Audio Activities

estructura

1.1 The present tense

1 **Nueva compañera** Marta está buscando una nueva compañera de apartamento. Escucha los mensajes que dos candidatas le han dejado y relaciona cada cualidad con la persona adecuada.

CANDIDATAS	Andrea	Yolanda
es tranquila		
come en la cafetería		
estudia mucho		
es activa		

2 **Para conocernos mejor** Marta y Yolanda han decidido salir juntas el viernes por la tarde para conocerse mejor y determinar si deben ser compañeras de apartamento. Escucha su conversación dos veces y después completa las oraciones.

1. Marta y Yolanda están leyendo _____.
   a. una revista de chismes   b. el periódico   c. un folleto de la ciudad
2. Marta lee el periódico _____.
   a. para ver qué pueden hacer el viernes   b. para leer las noticias policiales   c. para relajarse
3. El viernes por la noche, Yolanda quiere _____.
   a. salir con amigos   b. ir a la discoteca   c. ir al teatro
4. Hablando de dinero, Yolanda _____.
   a. quiere pagar los boletos   b. puede pagar boletos caros   c. no quiere pagar boletos caros
5. Marta dice que los boletos para el teatro los puede conseguir _____.
   a. su padre   b. su amigo Raúl   c. su madre
6. Van a cenar _____.
   a. a la casa de Marta   b. a un restaurante elegante   c. al restaurante de Raúl
7. La próxima vez que salga con Marta, Yolanda _____.
   a. va a organizar otra salida   b. va a dejar a Marta hacer los planes   c. va a mirar televisión
8. Marta y Yolanda _____.
   a. se llevan mal   b. no se caen bien   c. se llevan muy bien

1.2 *Ser* and *estar*

1 **De vacaciones** Pedro y su novia Leticia están de vacaciones. Mira el dibujo y marca **cierto** o **falso** para cada oración que escuches. Si es falsa, corrígela y escribe la oración cierta con **ser** o **estar**.

	Cierto	Falso	
1.	❏	❏	_____
			_____
2.	❏	❏	_____
			_____
3.	❏	❏	_____
			_____
4.	❏	❏	_____
			_____
5.	❏	❏	_____
			_____
6.	❏	❏	_____
			_____

2 **Aprendiendo español** Alan está estudiando español este semestre, pero no sabe cuándo debe usar **ser** y cuándo debe usar **estar**. Escucha a Alan mientras lee las oraciones que ha escrito para su composición y elige el verbo correcto después de escuchar cada frase.

1. Soy / Estoy

2. soy / estoy

3. somos / estamos

4. son / están

   soy / estoy

5. ser / estar

6. es / está

7. es / está

8. somos / estamos

3 **¿Qué significa?** Escucha cinco oraciones y elige el significado correcto para cada una.

1. a. Esta fruta es de color verde.
   b. Esta fruta no debe comerse todavía.

2. a. Me quiero ir. No me gustan las fiestas.
   b. Me quiero ir. No me gusta esta fiesta.

3. a. Ese actor no ha muerto.
   b. Ese actor es rápido e inteligente.

4. a. Esos zapatos le quedan bien a una persona alta como tú.
   b. Esos zapatos hacen que te veas más alta.

5. a. Mi niña se porta mal.
   b. Mi niña está enferma.

Audio Activities

1.3 Progressive forms

1 **La ex novia de Jorge** Escucha la conversación entre Gonzalo y Jorge, y después indica si estas oraciones son **ciertas** o **falsas**.

	Cierto	Falso	
1.	❏	❏	Jorge siempre está descansando o durmiendo.
2.	❏	❏	Gonzalo nunca mira por la ventana.
3.	❏	❏	Jorge y Gonzalo tienen una personalidad muy diferente.
4.	❏	❏	Jennifer López está paseando por la calle.
5.	❏	❏	Susana y Jorge se llevan muy bien.
6.	❏	❏	El chico argentino del tercer piso siempre se peleaba con Susana.

2 **¿Qué está pasando?** Vuelve a escuchar la conversación entre Gonzalo y Jorge y completa las oraciones según la información que escuchaste.

> no / buscar   mirar la tele   pasear
> caminar   mirar por   saludar
> hablar   la ventana

1. Mientras Jorge está en el sofá, Gonzalo _____.

2. Gonzalo piensa que Jorge siempre _____.

3. Gonzalo _____ a nadie.

4. Susana _____ por la calle.

5. Gonzalo dice que Susana _____.

6. Mientras habla con Jorge, Gonzalo _____.

7. El chico argentino del tercer piso y Susana _____.

3 **Preguntas** Marcela es muy chismosa y siempre anda preguntando qué están haciendo los demás. Su amigo Carlos contesta todas sus preguntas. Sigue el modelo y después repite la respuesta correcta.

> **modelo**
> Tú escuchas: ¿Qué están haciendo Diana y Marcos?
> Tú lees: estar / jugar / baloncesto
> Tú contestas: Están jugando baloncesto.

1. venir / criticar / a sus compañeras

2. seguir / leer / su revista

3. ir / caminar / por el corredor

4. llevar / bailar / tres horas

5. seguir / hablar / sin parar

6. andar / responder / todas tus preguntas

Audio Activities

pronunciación

Linking

Spanish often links words together based on the last sound of one word and the first sound of the next one. This tendency is why, when listening to native speakers, it may seem difficult to determine where one word ends and the next begins.

Vowel + same vowel

When one word ends with a vowel and the next word begins with the same vowel or same vowel sound, the two identical vowels fuse and sound as a single vowel. Listen to the following examples and repeat them after the speaker.

de entonces	**convertirse en**	**fue en**
llegada a	**para algunos**	**este examen**

Vowel + different vowel

When one word ends with a vowel and the next word begins with a different vowel or vowel sound, both sounds are pronounced as if they were one single syllable. Listen to the following examples and repeat them after the speaker.

puedo escribir	**como antes**	**políticamente incorrecto**
le importa	**nombre artístico**	**estudiaba ingeniería**

   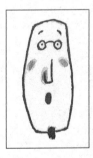

Consonant + vowel

When one word ends with a consonant and the next word begins with a vowel or a vowel sound, it sounds as though the consonant were actually occurring at the beginning of the following syllable. Listen to the following examples and repeat them after the speaker.

el humor	**el último**	**grandes ojos**
un ejemplo	**las opiniones**	**al igual**

Audio Activities

Lección 1 Audio Activities   **55**

vocabulario

Ahora escucharás el vocabulario que está al final de esta lección en tu libro de texto. Escucha con atención cada palabra o expresión y después repítela.

Audio Activities

contextos

Lección 2
Las diversiones

1 **Planes de fin de semana** Escucha lo que dicen Alicia y Pilar e indica en la tabla qué planes tiene cada una para el fin de semana.

	ir a un concierto de rock	jugar al tenis en un torneo	ir a bailar	descansar	salir con Ricardo
Alicia			✓		
Pilar					

2 **Alicia y Pilar** Ahora vuelve a escuchar los planes de Alicia y Pilar y contesta las preguntas.

1. ¿En qué año de sus estudios está Alicia?

    Está en tercer año de medicina.

2. ¿Qué va a hacer Alicia el sábado por la noche?

    _____

3. ¿Qué va a hacer Alicia el domingo?

    _____

4. ¿Qué estudia Pilar Ramos?

    _____

5. ¿Cuándo va a participar Pilar en un torneo de tenis?

    _____

6. ¿Qué hace Pilar todos los sábados por la noche?

    _____

3 **Una conversación telefónica** Escucha la conversación telefónica entre Alicia y Pilar, y determina si las oraciones son **ciertas** o **falsas**. Luego, corrige las falsas en el espacio indicado.

Cierto	Falso		
❏	❏	1.	Alicia está de buen humor cuando contesta el teléfono.
❏	❏	2.	Alicia reconoce la voz de la persona que llama por teléfono.
❏	❏	3.	Pilar se acuerda del cumpleaños de Alicia.
❏	❏	4.	El cumpleaños de Alicia es el sábado.
❏	❏	5.	Pilar y Ricardo son novios.
❏	❏	6.	Alicia no tiene mucho trabajo.

Audio Activities

estructura

2.1 Object pronouns

1

Regalos de cumpleaños Gonzalo está mirando los regalos de cumpleaños que Alicia va a recibir.
Escucha las preguntas de Gonzalo y responde según las pistas (*clues*). Después, repite la respuesta correcta.

> **modelo**
>
> *Tú escuchas:* ¿Quién le va a regalar este disco?
> *Tú lees:* Julia
> *Tú escribes: Se lo va a regalar Julia.*

1. (Juan y Luis) _____
2. (Pilar) _____
3. (Jorge) _____
4. (Su hermana) _____
5. (Sus primas) _____
6. (Su vecino del primer piso) _____

2

¿Quién te lo va a regalar? Alicia se entera de lo que sus amigos le van a regalar y se lo dice a su amigo
Roberto. Contesta estas preguntas de Roberto como si fueras Alicia. Después, repite la respuesta correcta.

> **modelo**
>
> *Tú escuchas:* ¿Quién te va a regalar un disco?
> *Tú lees:* Julia
> *Tú dices: Me lo va a regalar Julia.*

1. Juan y Luis
2. Pilar
3. Jorge
4. Mi hermana
5. Mis primas
6. Mi vecino del primer piso

3

La confusión de Mónica Contesta las preguntas de Mónica, siguiendo el modelo. Después, repite
la respuesta correcta.

> **modelo**
>
> *Tú escuchas:* ¿Miguel envió las invitaciones a Sara?
> *Tú lees:* no
> *Tú dices: No, Sara se las envió a Miguel.*

1. no   4. no
2. no   5. no
3. sí   6. sí

Audio Activities

2.2 *Gustar* and similar verbs

1   **¡Qué aburrido!** Escucha esta breve conversación entre Roberto y Rosa, y completa las oraciones.

1. A Roberto le aburren _____.
   a. las fiestas de cumpleaños   b. los conciertos   c. sus amigos

2. Según Rosa, Roberto sólo se tiene que preocupar de _____.
   a. comprar un pasaje de autobús   b. comprar un boleto   c. llevarle un regalo a Alicia

3. Según Roberto, Alicia le cae _____.
   a. mal   b. fatal   c. bien

4. A Roberto _____.
   a. no le gustan los conciertos   b. le encantan los conciertos   c. le gustan sólo los conciertos
                                                                            de rock

5. Le molestan _____.
   a. los sitios con música fuerte   b. los sitios donde hay   c. los sitios donde hay
                                          mucha gente   poca gente

6. Rosa le dice que pueden verse _____.
   a. más tarde ese día   b. otro día   c. al día siguiente

2   **Curiosidad** Escucha las preguntas y respóndelas con la información entre paréntesis. Después de
responder cada pregunta, escucha la respuesta correcta.

> **modelo**
> *Tú escuchas:* ¿Por qué no está Ricardo en la fiesta?
> *Tú lees:* (disgustar / fiestas)
> *Tú respondes: Porque le disgustan las fiestas.*

1. (no gustar / chocolate)

2. (interesar / canciones de moda)

3. (disgustar / ruido)

4. (caer bien)

5. (preocupar / lluvia)

6. (no gustar / esta música)

3   **Encuesta** Un reportero del periódico de tu ciudad te pide que participes en una encuesta sobre los
gustos de los jóvenes. Responde afirmativamente a sus preguntas. Luego, escucha y repite la respuesta
correcta. (*6 items*)

> **modelo**
> *Tú escuchas:* ¿Te gustan los conciertos de rock?
> *Tú dices: Sí, me gustan los conciertos de rock.*

Audio Activities

2.3 Reflexive verbs

1

¡Qué diferentes! Mira las ilustraciones y luego decide si lo que dice Alicia es **cierto** o **falso**.

	Cierto	Falso
1.	☑	❑
2.	❑	❑
3.	❑	❑
4.	❑	❑
5.	❑	❑

Roberto

Jorge

2

La rutina familiar Tú recibiste una carta de Marta en la que cuenta la rutina diaria de su familia. Escucha un fragmento de la carta y empareja a las personas con sus actividades.

	A		B
_____	1. Andrés	a.	Se levanta temprano para arreglarse.
_____	2. Rosa	b.	Se viste muy elegantemente.
_____	3. Papá	c.	Se olvida de quién es su familia.
_____	4. Mamá	d.	Se quita la ropa y se viste solo.
_____	5. Alberto	e.	Se ducha y se viste en quince minutos.
_____	6. El abuelo	f.	Se queja porque sólo hay un baño.

3

Y después Escucha lo que les pasa a estas personas y escoge un verbo de la lista para decir qué ocurre después. Luego, escucha la respuesta correcta y repítela. (*6 items*)

> **modelo**
>
> *Tú escuchas:* Josefina escoge la ropa perfecta para su entrevista importante.
> *Tú lees:* vestirse
> *Tú dices:* Y después se viste.

acordarse	dormirse
acostarse	mudarse
arrepentirse	quejarse
convertirse	quitarse
despertarse	vestirse

pronunciación y ortografía

Diéresis

As you already know, when the letter **g** is used before the vowels **e** or **i** it sounds like the letter **j**. When it is used before the vowels **a, o** and **u** it sounds like the **g** in **gato.**

Listen to the speaker and repeat each word.

gente	**gimnasio**	**pegamento**	**argolla**	**guajiro**

In order to maintain the sound of the **g,** as in **gato,** before the vowels **e** and **i,** you need to write a **u** between the **g** and the vowel. This **u** is never pronounced.

Listen to the speaker and repeat each word.

despegue	**guitarra**	**guerrero**	**aguinaldo**

In words like **pingüino** or **lingüística** the **u** is pronounced. To indicate this in writing, two dots called **diéresis** are added above the **u.**

Listen to the speaker read a few words with **diéresis.** Look at the spelling carefully and repeat each word.

bilingüe	**pingüino**	**cigüeña**	**lingüista**

The **diéresis** is also necessary when dealing with certain families of words, for example, when conjugating the verb **averiguar** or creating a diminutive from the noun **agua.** In cases like these, when the root word has a **g** pronounced like in **gato,** a **diéresis** is sometimes necessary to maintain the pronunciation of the **u.**

Listen to the speaker read pairs of words. Look at the spelling carefully and repeat each pair.

averiguar	→	**averigüé**
avergonzar	→	**avergüenzas**
agua	→	**agüita**
paraguas	→	**paragüitas**
antiguo	→	**antigüedad**

Audio Activities

vocabulario

Ahora escucharás el vocabulario que está al final de esta lección en tu libro de texto. Escucha con atención cada palabra o expresión y después repítela.

contextos

1 **Las tareas de Mateo** Escucha las instrucciones que Amparo le da a Mateo y ordena sus tareas según la información que escuches.

_____ a. barrer las escaleras

__1__ b. apagar la cafetera después de desayunar

_____ c. recoger unos dulces en la tienda de la esquina

_____ d. pasar la aspiradora en los cuartos de los niños

_____ e. quitarles el polvo a los muebles del salón

_____ f. sacar la carne congelada (*frozen*) del refrigerador

_____ g. ir a comprar al supermercado antes de las tres

_____ h. elegir productos baratos en el supermercado

_____ i. cambiar el foco (*light bulb*) de la lámpara de la cocina

2 **¡Que no se me olvide!** Escucha una lista de las instrucciones que Amparo le da a Mateo y haz la lista como si fueras Mateo. Sigue el modelo. Luego, escucha y repite la respuesta correcta. (*8 items*)

> **modelo**
> *Tú escuchas:* Calienta el café.
> *Tú dices: Caliento el café.*

3 **Ocho horas después** Son las cinco de la tarde y Amparo ya ha regresado del trabajo. Escucha la conversación que tiene con Mateo y elige la opción más adecuada para completar las oraciones.

1. Cuando Amparo regresa del trabajo, Mateo _____.

   a. está hablando con la vecina   b. está mirando la telenovela   c. está limpiando las ventanas

2. Amparo piensa que la vecina _____.

   a. debe trabajar más   b. siempre va arreglada   c. está enamorada de Mateo

3. A Mateo _____.

   a. le cae bien su vecina   b. le cae mal su vecina   c. le molesta su vecina

4. ¿Qué piensa Mateo sobre los dulces? _____.

   a. Le encantan   b. Los odia   c. Piensa que necesitan azúcar

5. Amparo no quiere que Mateo coma dulces porque _____.

   a. está a dieta   b. está enfermo   c. está obeso

6. Amparo piensa que Mateo _____.

   a. es asombroso   b. es muy tranquilo   c. es muy nervioso

Audio Activities

estructura

3.1 The preterite

1 **Para eso están los amigos** Mateo llamó a dos amigos para que lo ayudaran a limpiar la casa. Escucha lo que Mateo le cuenta a Amparo cuando ella regresa del trabajo, e indica en la tabla quién hizo cada tarea.

	poner la comida en el refrigerador	separar los ingredientes para la comida	ir al supermercado	hervir las papas y los huevos	traer productos de limpieza
Mateo					
Paco					
José Luis					

2 **Completar** Vuelve a escuchar lo que Mateo le cuenta a Amparo y completa las oraciones.

1. Mateo _____ a un par de amigos esta mañana.

2. Amparo los _____ en su fiesta de cumpleaños.

3. Ellos _____ muy tarde debido al tráfico.

4. José Luis _____ al supermercado y _____ todas las cosas que pidió Amparo.

5. Cuando Paco _____, se puso a limpiar la cocina y _____ toda la comida en el refrigerador.

6. Paco incluso _____ productos de limpieza.

3 **¿Y tú?** ¿Recuerdas qué hiciste la última vez que tuviste el apartamento para ti solo/a (*to yourself*)? Contesta las preguntas que escuches siguiendo el modelo, después repite la respuesta correcta.

modelo
Tú escuchas: El primer día, ¿miraste televisión todo el día o limpiaste la casa primero?
Tú lees: limpiar la casa
Tú dices: Limpié la casa primero.

1. tres días
2. pasar la aspiradora
3. pizza
4. mi mejor amiga
5. no
6. sí / a la oscuridad
7. ver una película
8. pasarlo muy bien

3.2 The imperfect

1 **Cuando era soltero...** Mateo está pensando en cómo era su vida antes de conocer a Amparo. Escucha lo que dice y después contesta las preguntas.

1. ¿Qué hacía Mateo todas las noches? Mateo _____ todas las noches.

   a. salía a comer   b. iba al cine   c. salía con sus amigos

2. ¿Limpiaba el apartamento a menudo? _____ su apartamento.

   a. Sí, limpiaba a menudo   b. No, nunca limpiaba   c. A veces limpiaba

3. ¿Cómo pagaba sus compras? Siempre pagaba con _____.

   a. dinero en efectivo   b. tarjetas de débito   c. tarjetas de crédito

4. ¿Tenía dinero? _____.

   a. No, pero no tenía deudas   b. No, tenía muchas deudas   c. Sí, tenía mucho dinero

5. ¿Por qué lo pasaba fatal? Lo pasaba fatal porque _____.

   a. era muy tímido   b. no tenía vida nocturna   c. era muy aburrido

2 **El gran cambio** Elena era antipática y decidió cambiar. Usa la información sobre su situación en el pasado para describir a la Elena de antes. Después, escucha la respuesta correcta y repítela.

> **modelo**
>
> *Tú escuchas:* Ahora yo hablo con mucha calma.
> *Tú lees:* muy rápido
> *Tú dices: Antes yo hablaba muy rápido.*

En el pasado

1. con estrés y ansiedad
2. cada cinco minutos
3. una persona agresiva
4. por los detalles más pequeños
5. muy temprano los fines de semana
6. nunca
7. de mal humor
8. la persona más antipática

3 **¿Cómo eras tú antes?** Piensa en cómo eras tú cuando estabas en la escuela primaria. ¿Tenías la misma personalidad que ahora? Contesta las preguntas en el espacio indicado.

1. _____
2. _____
3. _____
4. _____

Audio Activities

3.3 The preterite vs. the imperfect

1 **Un chico con suerte** Ricardo es un estudiante con poca experiencia que acaba de conseguir su primer trabajo. Escucha la conversación entre Ricardo y su novia Isabel sobre la entrevista e indica si las oraciones son **ciertas** o **falsas**.

Cierto **Falso**

☐ ☐ 1. Ricardo conoció a su nuevo jefe en la cafetería antes de la entrevista.

☐ ☐ 2. El señor Álvarez suele entrevistar personalmente a los candidatos.

☐ ☐ 3. El día de la entrevista la secretaria del señor Álvarez estaba de vacaciones.

☐ ☐ 4. Cuando era niño el señor Álvarez vivió en Milán.

☐ ☐ 5. La señora Álvarez habla francés porque vivió muchos años en París.

☐ ☐ 6. La señora Álvarez estudió ingeniería.

☐ ☐ 7. El señor Álvarez antes era agricultor, pero ahora trabaja en un banco.

☐ ☐ 8. El señor y la señora Álvarez se mudaron hace poco a una casa nueva en el campo.

2 **Preparativos para la cena** Escucha lo que cuenta Isabel sobre la cena e indica si los verbos de la lista se usan en el pretérito o el imperfecto.

Infinitivo	Pretérito	Imperfecto
1. tener		
2. ordenar		
3. limpiar		
4. hacer la cena		
5. darse cuenta		
6. mirar		
7. enfadarse		
8. poner		
9. hacer		
10. terminar		
11. comenzar		
12. irse		

3 **Una cena divertida** Completa las oraciones con el verbo en pretérito o imperfecto. Sigue el modelo. Después, repite la respuesta correcta.

modelo

Tú escuchas: El hombre que <beep> a mi lado era el señor Álvarez.

Tú lees: estar

Tú dices: El hombre que estaba a mi lado era el señor Álvarez.

1. ser   4. conseguir

2. estar   5. preparar

3. estudiar   6. mirar

Audio Activities

pronunciación

The sounds of *p*, *t*, and *k*

As you might recall, no consonant in Spanish is accompanied by the puff of air that the sounds of **p**, **t**, and **k** make in English when they occur at the beginning of a word. Place your hand directly in front of your lips and say the English words *pit*, *top*, and *car*. You should notice a puff of air that is released along with the initial consonant. This puff of air should never occur in Spanish. Instead, in Spanish these sounds should resemble the **p**, **t**, and **k** following the initial **s** of English *spit*, *stop*, and *scar*. Notice that no puff of air is released in these cases. Place your hand directly in front of your lips again, and compare the difference: *pit*, *spit*; *top*, *stop*; *car*, *scar*.

Listen to the speaker pronounce the following Spanish words and repeat them, focusing on the **p** sound.

proponer	**princesa**	**perdón**	**paja**	**palacio**
Pedro	**patio**	**pintar**	**plato**	**pobre**

Now listen to the speaker and repeat, focusing on the **t** sound.

tantos	**terror**	**tirano**	**típico**	**tampoco**
trabajo	**tranquilo**	**temas**	**triunfo**	**tropa**

Now listen to the speaker and repeat, focusing on the **k** sound. Remember that in Spanish a **c** before a consonant or the vowels **a**, **o**, and **u** sounds like **k**.

carne	**color**	**campo**	**comida**	**casa**
cuchillo	**conspiración**	**cansancio**	**cuadro**	**común**

Trabalenguas

Ahora que ya tienes práctica con la pronunciación básica de estos sonidos, es el momento de practicar con materiales más avanzados, como un trabalenguas. Presta atención a la pronunciación del narrador y repite cada trabalenguas tantas veces como sea necesario, hasta leerlo completo sin detenerte.

1. **Poquito a poquito Paquito empaca poquitas copitas en pocos paquetes.**

2. **Qué colosal col colocó en aquel local el loco aquel.**

3. **Treinta tramos de troncos trozaron tres tristes trozadores de troncos y triplicaron su trabajo.**

Audio Activities

Lección 3 Audio Activities

vocabulario

Ahora escucharás el vocabulario que está al final de esta lección en tu libro de texto. Escucha con atención cada palabra o expresión y después repítela.

contextos

Lección 4
La salud y el bienestar

1 Identificación Escucha las siguientes definiciones de palabras o expresiones relacionadas con la salud. Después, escribe el número de la descripción correspondiente a cada una de las palabras de la lista.

__1__ a. tener fiebre   _____ d. cirujano/a   _____ g. consultorio

_____ b. vacuna   _____ e. obesidad   _____ h. jarabe

_____ c. sano/a   _____ f. relajarse   _____ i. desmayarse

2 En el consultorio del médico Escucha la conversación entre el doctor Pérez y Rosaura. Después, indica todos los síntomas que menciona Rosaura en la conversación.

_____ malestar general   _____ ansiedad   _____ dolor de espalda

_____ tos continua   _____ la tensión baja   _____ depresión

_____ la tensión alta   _____ fiebre alta   _____ vómitos

3 La salud de Rosaura Ahora escucha otra conversación entre el doctor Pérez y Rosaura e indica si las oraciones son **ciertas** o **falsas**.

Cierto	Falso	
❑	❑	1. Manuela del Campo es una cirujana.
❑	❑	2. El doctor Pérez quiere que Rosaura hable con Manuela.
❑	❑	3. A Rosaura no le gustan los doctores como Manuela porque piensan que ella es tonta.
❑	❑	4. Rosaura piensa hacer muchas consultas a la psiquiatra.
❑	❑	5. Rosaura va a llamar al doctor Pérez la próxima semana para contarle todo.
❑	❑	6. Para el doctor Pérez, el trabajo es tan importante como la salud.

4 ¿Cómo estás? Contesta las preguntas del doctor Pérez. Luego, escucha y repite la respuesta correcta.

> **modelo**
>
> *Tú escuchas:* ¿Qué le duele?
> *Tú lees:* cabeza
> *Tú dices: Me duele la cabeza.*

1. alimentación
2. brazo
3. resfriado
4. fiebre
5. mareado
6. dieta

Audio Activities

estructura

4.1 The subjunctive in noun clauses

1

Demasiados enfermos Claudia, una estudiante de medicina, está pasando el fin de semana en casa de sus padres. Escucha las instrucciones que ella le da a cada persona enferma y después conecta cada instrucción de la columna B con la persona correspondiente de la columna A.

A	B
papá	___papá___ a. dejar de fumar inmediatamente
abuelo	_____ b. no beber más café
abuela	_____ c. tomarse la temperatura cada dos horas
mamá	_____ d. terminarse toda la sopa
Jorge	_____ e. meterse en la cama
Luis	_____ f. tomarse dos aspirinas con agua
Carmen	_____ g. llamar al médico si se siente peor

2

Yo te recomiendo Da consejos a un amigo. Sigue el modelo. Luego, escucha y repite la respuesta correcta.

> **modelo**
>
> *Tú escuchas:* Fumar hace mal.
> *Tú lees:* sugerir
> *Tú dices:* Le sugiero que no fume.

1. aconsejar
2. es importante
3. es necesario

4. pedir
5. recomendar
6. sugerir

3

Consejos para don José Don José está muy estresado porque lleva un estilo de vida muy agitado. Escucha los consejos que le da un médico y luego completa la tabla con la información que escuches.

Objetivos	Recomendaciones
1. Para mantenerse en forma,	1. _____ al gimnasio y _____ ejercicios para relajarse.
2. Para mejorar su dieta y prevenir enfermedades,	2. _____ frutas y verduras diariamente.
3. Para no estresarse por el trabajo,	3. _____ organizado y _____ tantas horas extras.
4. Para disfrutar más tiempo con su familia,	4. _____ actividades en la casa.
5. Para que usted y su esposa no discutan tanto,	5. _____ tiempo para descansar y divertirse juntos.

Audio Activities

4.2 Commands

1 **Los consejos de César** Escucha los consejos que le da César a una paciente sobre la salud y el bienestar e indica si son **lógicos** o **ilógicos**.

	lógico	ilógico		lógico	ilógico
1.	X		6.		
2.			7.		
3.			8.		
4.			9.		
5.			10.		

2 **¡A trabajar!** Eres médico y supervisas a un grupo de estudiantes de medicina. Contesta las preguntas de los estudiantes. Luego, escucha y repite la respuesta correcta.

> **modelo**
> *Tú escuchas:* ¿Debo trasnochar hoy?
> *Tú lees:* descansar
> *Tú dices:* No, hoy descansa.

1. calmante

2. poner una inyección

3. relajarse

4. consultorio

5. cirujano

6. bebé

3 **Que lo haga otra persona** Manuel le está dando mandatos a un ayudante, pero el ayudante no quiere colaborar. Escucha los mandatos de Manuel y di los mandatos indirectos con los que el ayudante le responde. Sigue el modelo. Luego, escucha y repite la respuesta correcta.

> **modelo**
> *Tú escuchas:* Pon las vendas en el armario.
> *Tú lees:* las enfermeras
> *Tú dices:* Que las pongan las enfermeras.

1. su secretaria

2. el enfermero nuevo

3. los otros ayudantes

4. la recepcionista

5. el voluntario

6. un especialista

Audio Activities

4.3 *Por* and *para*

1 **¿*Por* o *para*?** Completa las oraciones con **por** o **para**.

1. a. por   b. para   5. a. por   b. para
2. a. por   b. para   6. a. por   b. para
3. a. por   b. para   7. a. por   b. para
4. a. por   b. para   8. a. por   b. para

2 **Confesiones de una estudiante de medicina** Escucha la conversación entre la estudiante de medicina Amelia Sánchez y su amiga Carlota, y completa las respuestas. Usa **por** o **para**.

1. ¿A dónde va Amelia todos los días por la mañana?

   Amelia va _____ todos los días por la mañana.

2. ¿Por qué se levanta tan temprano?

   Debe preparar mil cosas _____.

3. ¿Qué es lo más importante de su profesión?

   _____ ella, lo más importante es el trato con los enfermos.

4. ¿Qué le gusta hacer por las tardes a Amelia para relajarse?

   Le gusta caminar _____ o ir al gimnasio.

5. ¿Carlota sigue trabajando con el laboratorio de análisis clínicos?

   No, ahora trabaja _____.

6. ¿Por qué Amelia estudia medicina?

   Estudia medicina _____ tenía una farmacia.

3 **Preguntas** Escucha las preguntas y contéstalas usando **por** o **para**. Luego, escucha y repite la respuesta correcta.

> **modelo**
>
> *Tú escuchas:* ¿En serio que viste a Brad Pitt en el restaurante?
> *Tú lees:* colmo / casualidad
> *Tú dices: Sí, lo vi por casualidad.*

1. si acaso / ejemplo

2. fin / siempre

3. su edad / otro lado

4. tanto / lo general

5. uno nuevo / mañana

6. casualidad / el viernes

pronunciación

The sounds of *r* and *rr*

As you might recall, Spanish has two **r** sounds, neither of which resembles the English **r**.

The sound of the single *r*

When it occurs between vowels or at the end of a syllable, the sound of a single **r** in Spanish is produced with a single tap of the tip of the tongue on the ridge behind the upper front teeth. This sound is equivalent to the sound spelled *t, tt, d,* and *dd* in standard American English in words like *eating, butter, leading,* and *caddy*. Focus on the position of your tongue and teeth as you listen to the speaker, and repeat each word.

mujeres	**periodismo**	**formaron**	**cuerpo**	**cerámica**
poder	**curativo**	**conquistar**	**enfermedad**	**aparición**

The sound of the double *rr*

In words spelled with a double **rr**, as well as in those spelled with a single **r** occurring at the beginning of the word, the sound is pronounced as a trilled **rr**. The trill sound is produced by rapidly moving the tip of the tongue against the ridge behind the upper front teeth. This trill is also the case when the **r** sound appears after the letters **l** or **n**. Listen to the speaker and repeat each word, paying attention to the position of your tongue and teeth.

arráncame	**desenterrar**	**alrededor**	**recetar**	**enredar**
rebelión	**resultado**	**desarrollar**	**ruego**	**guerra**

Many words in Spanish differ from each other only through the **r** and **rr** sounds. It is important that you practice the right sound for each one to avoid being misunderstood. Listen to the speaker and repeat each one of these pairs.

coro/corro	**moro/morro**	**pero/perro**	**perito/perrito**

Further practice

Now that you have had the chance to focus on your pronunciation, listen as the speaker says the following sentence and repeat.

¿Cuánta madera roería un roedor si los roedores royeran madera?

Audio Activities

vocabulario

Ahora escucharás el vocabulario que está al final de esta lección en tu libro de texto. Escucha con atención cada palabra o expresión y después repítela.

contextos

1 **Viajes organizados** Escucha un anuncio de radio sobre viajes organizados y después completa las oraciones.

1. La agencia *Viajes Escape* prepara mini vacaciones para __*profesionales ocupados y estresados*__ .

2. Esta semana la agencia tiene _____ viajes de oferta.

3. Playa Dorada es una isla privada en _____ .

4. La cabaña incluye tres _____ y todas las _____ .

5. Puede practicar _____ por una tarifa adicional.

6. La excursión de montaña es en el estado de _____ .

7. El _____ es muy pintoresco y lleno de encanto.

8. El precio de la _____ de montaña es sólo de noventa y nueve dólares por persona.

2 **Un viaje cultural** Escucha el anuncio de radio e indica qué ofrece el viaje descrito.

_____ visita exclusiva al Museo de Arte Moderno de Nueva York

_____ guía turístico bilingüe

_____ día de compras

_____ viajes en taxi

_____ estancia en un hotel en Boston

_____ una cena romántica

_____ servicio de habitación las veinticuatro horas

_____ traslado al aeropuerto

_____ minibar y caja fuerte en el hotel

_____ limusina y entradas para ver un musical

3 **Definiciones** Escucha las preguntas y responde con oraciones completas. Luego, repite la respuesta completa.

> **modelo**
>
> *Tú escuchas:* ¿Qué es un pasaporte?
> *Tú lees:* documento oficial / salir del país
> *Tú dices: Un pasaporte es un documento oficial para salir del país.*

1. límite / separar / dos países

2. masa de tierra / rodeada / agua

3. viajar / agua / barco

4. acumulación de muchos carros / calle / mismo tiempo

5. restos / construcción antigua

6. lugar / muchos árboles / animales

Audio Activities

estructura

5.1 Comparatives and superlatives

1 **Cuántos recuerdos** Steve y María están de vacaciones. Después de cenar, los dos amigos van a dar un paseo por Chilapas, el pueblecito donde se hospedan. Escucha su conversación y después indica si cada una de estas afirmaciones es **cierta** o **falsa**.

Cierto	Falso	
❏	❏	1. A María el pueblo mexicano le recuerda su viaje a España.
❏	❏	2. Según María, Albarracín es un pueblo más grande que Chilapas.
❏	❏	3. En Chilapas hay menos flores que en Albarracín.
❏	❏	4. Las calles de Albarracín son más estrechas que las de Chilapas.
❏	❏	5. La gente de Albarracín es tan simpática como la de Chilapas.
❏	❏	6. Steve piensa que María no tiene más oportunidades que él para viajar.

2 **¿Cuál te gusta más?** Observa las diferencias entre las dos casas de la ilustración y después contesta las preguntas usando comparaciones.

Familia López   Familia Brito

1. _____

2. _____

3. _____

4. _____

5. _____

3 **Dos ciudades** Tu amiga y tú discuten sobre sus ciudades. Responde a sus comentarios usando comparativos y superlativos. Sigue el modelo. Luego, repite la respuesta correcta.

> **modelo**
>
> *Tú escuchas:* Los restaurantes de mi ciudad son buenos.
> *Tú lees:* + / el mundo
> *Tú dices: Los restaurantes de mi ciudad son los mejores del mundo.*

1. – / el país   4. – / tu ciudad
2. = / tu ciudad   5. + / tu ciudad
3. + / todas   6. + / Latinoamérica

Audio Activities

5.2 Negative, affirmative, and indefinite expressions

1 **Ideas para el viaje de fin de curso** Ricardo y Elvira se han reunido con otros dos compañeros de clase para tomar una decisión sobre su viaje de fin de curso. Escucha lo que dice cada uno y elige la mejor opción para completar cada oración.

_____ 1. a. o yo no voy al viaje.

   b. o me compro unos zapatos.

_____ 2. a. no tengo dinero.

   b. ni la naturaleza en general.

_____ 3. a. un viaje cultural.

   b. mal tiempo.

_____ 4. a. escuchar a nadie.

   b. tomar una decisión.

_____ 5. a. llegar (*reach*) a ninguna decisión.

   b. ni aprobar el examen.

_____ 6. a. también.

   b. tampoco.

2 **Viajeros muy diferentes** Escucha los comentarios y transforma los afirmativos en negativos y los negativos en afirmativos.

> **modelo**
>
> *Tú escuchas:* Elvira quiere visitar algunos museos.
> *Tú escribes:* Elvira no quiere visitar ningún museo.

1. A Ricardo _____ le gustan _____ los viajes en autobús.

2. Elvira _____ quiere viajar a zonas de playa.

3. A Ricardo le gustan _____ los lugares turísticos.

4. _____ a Elvira _____ a Ricardo les gusta la vida nocturna.

5. Elvira _____ se queda en hoteles caros cuando viaja.

6. Ricardo _____ quiere visitar _____ lugar exótico.

3 **No me gusta nada** Después de la charla con sus compañeros, Ricardo se siente muy frustrado y todo le parece mal. Escucha las preguntas y di las respuestas negativas que daría Ricardo. Después, repite la respuesta correcta. Sigue el modelo.

> **modelo**
>
> *Tú escuchas:* ¿Quieres viajar en temporada alta o en temporada baja?
> *Tú lees:* no / ni... ni
> *Tú dices:* No quiero viajar ni en temporada alta ni en temporada baja.

1. no / ni... ni

2. no / ninguno

3. no / ni... tampoco

4. no / ni... ni

5. ninguna

6. no / nadie

7. no / ningún

Audio Activities

5.3 The subjunctive in adjective clauses

1 **Los planes de Celia** Celia quiere ir de viaje a algún lugar exótico y le deja un mensaje en el contestador a Elisa, una amiga que trabaja en una agencia de viajes. Escucha el mensaje y complétalo con las partes que faltan.

Hola, Elisa:

Soy Celia y estoy planeando un viaje a un lugar exótico para conocer otra cultura. Quiero visitar un lugar

que no (1) _____. Me gustaría conocer culturas que (2) _____ y que

(3) _____ costumbres distintas a las nuestras. Lamentablemente, (4) _____

ahora mismo de vacaciones, así que tengo que viajar sola. Por eso, prefiero un viaje organizado con

un guía que hable español. Eso sí, que no (5) _____. Ya sabes, tampoco tengo tanto

dinero. ¡Ah! Quiero que (6) _____. Con tanto trabajo, necesito descansar un poco,

¿no? ¿Tienes algún folleto que pueda mirar para informarme más? Muchas gracias por tu ayuda.

2 **Tu familia** Imagina que un estudiante extranjero viene a pasar un semestre con tu familia. Escoge la opción adecuada para completar cada oración que vas a escuchar.

1. a. que obedecen   b. que obedezcan
2. a. que nos cae   b. que nos caiga
3. a. que nos dice   b. que nos diga
4. a. que trabajan   b. que trabajen
5. a. que no se pelea   b. que no se pelee
6. a. que tenemos   b. que tengamos

3 **Oferta** Contesta las preguntas de Natalia sobre el viaje en oferta que le recomendó la agencia de viajes. Sigue el modelo. Después, repite la respuesta correcta.

> **modelo**
> *Tú escuchas:* Hay museos que puedo visitar, ¿verdad?
> *Tú lees:* no / ningún
> *Tú dices:* No, no hay ningún museo que puedas visitar.

1. sí / varias personas
2. no / ningún instructor
3. no / nunca
4. sí / muchos turistas
5. no / jamás
6. sí / varios
7. no / ni un solo guía
8. no / ningún crucero

vocabulario

Ahora escucharás el vocabulario que está al final de esta lección en tu libro de texto. Escucha con atención cada palabra o expresión y después repítela.

contextos

1 **Identificación** Escucha el siguiente segmento de un programa de noticias. Después, marca las palabras de la lista que se mencionan.

_____ arrecife

_____ costas

_____ sequía

_____ huracán

_____ inundaciones

_____ olas

_____ relámpagos

_____ río

_____ tormentas

_____ truenos

2 **El medio ambiente** La universidad ha organizado tres programas para los estudiantes interesados en conservar y proteger el medio ambiente. Indica a qué programa pertenecen los datos en la tabla.

Datos del programa	Energía limpia	Mar azul	No a la crueldad
1. Buscar alternativas a la energía eléctrica			
2. Mejorar las condiciones para los animales de consumo humano			
3. Educar al público en general			
4. Protección y conservación de especies marinas			
5. Pedir apoyo del gobierno			
6. Vigilar la limpieza de playas y costas			

3 **Para un mundo mejor** Vuelve a escuchar la información sobre los programas medioambientales para voluntarios de la **actividad 2,** y después completa las oraciones.

1. El primer programa se ocupará de organizar _____.

2. El segundo programa es para _____.

3. Explicarán a los empresarios los peligros de _____ en nuestras aguas.

4. Los voluntarios formarán equipos para _____.

5. El tercer programa está dirigido por _____.

6. La mayoría de sus colaboradores están en contra del _____.

Audio Activities

estructura

6.1 The future

1

El futuro Escucha las predicciones del futurólogo Rapel e indica si cada afirmación es **cierta** o **falsa**.

Cierto	Falso	**Los bosques**
❑	❑	1. Desaparecerán casi por completo.
❑	❑	2. No tendrán animales.
❑	❑	3. Serán como un desierto.
❑	❑	4. Tendrán muchos pájaros.

		Los océanos
❑	❑	5. Los mares se quedarán sin agua.
❑	❑	6. Los océanos se contaminarán.
❑	❑	7. No habrá playas limpias.
❑	❑	8. El agua estará llena de basura.

		Los seres humanos
❑	❑	9. Destruirán la naturaleza completamente.
❑	❑	10. No saldrán a pasear.
❑	❑	11. Vivirán felices.
❑	❑	12. No viajarán a otros lugares.

2

Cambiar Transforma cada oración usando el pronombre que ves como sujeto. Después, repite la respuesta correcta.

> **modelo**
>
> *Tú escuchas:* Yo protegeré los animales de nuestros bosques.
> *Tú lees:* nosotros
> *Tú dices: Nosotros protegeremos los animales de nuestros bosques.*

1. ella
2. nosotros
3. tú

4. ellos
5. usted
6. yo

3

División del trabajo La presidenta de un grupo ambiental se queja de lo mal que se hizo todo el mes pasado. Respóndele con oraciones completas. Después, repite la respuesta correcta.

> **modelo**
>
> *Tú escuchas:* ¡Nadie tomó nota en la última reunión!
> *Tú lees:* de ahora en adelante / Mariana
> *Tú dices: De ahora en adelante, Mariana tomará nota.*

1. esta noche / los nuevos miembros
2. este viernes / yo / también
3. la semana que viene / nosotras
4. en el futuro / tiempo / varias presentaciones
5. la próxima vez / tú
6. el mes que viene / todo

6.2 The subjunctive in adverbial clauses

1 **Voluntarios para salvar el mundo** Lupita trabaja para una organización ecologista que está preparando un programa de educación medioambiental en las escuelas secundarias. Escúchala y luego completa lo que dice con la información correcta.

Hola, chicos: Soy Lupita y trabajo para la organización ecologista *Jóvenes verdes*. Hoy quiero hablarles de los problemas que tiene el planeta. En primer lugar, el agua será un recurso escaso en las próximas décadas

(1) _____ serias medidas al respecto. También debemos proteger los mares

y los océanos (2) _____, porque su supervivencia es fundamental para

el ecosistema. (3) _____ los servicios de transporte público, nosotros

tenemos que exigir (4) _____ de carros que usan combustible alternativo.

No podemos seguir ensuciando el planeta sin que nuestra (5) _____. Es

necesario tomar medidas drásticas (6) _____. Aunque las medidas para

cuidar (7) _____ difíciles de poner en práctica, lo cierto es que nuestro

futuro depende de nuestras acciones. Mientras nosotros (8) _____,

numerosas especies irán desapareciendo y por eso debemos actuar inmediatamente.

2 **Consejos** Completa las frases con el verbo correcto. Después, escucha y repite la frase correcta.

1. a. cuando recicles	b. cuando reciclas
2. a. cuando vayas	b. cuando vas
3. a. quieras	b. quieres
4. a. cuando destruyas	b. cuando destruyes
5. a. cuando dejes	b. cuando dejas
6. a. no nos quedemos	b. no nos quedamos
7. a. siempre que compres	b. siempre que compras
8. a. contamines	b. contaminas

3 **¿Soy ecologista?** ¿Escucha las preguntas y contesta usando las conjunciones indicadas.

> **modelo**
> *Tú escuchas:* ¿Utilizas el transporte público o prefieres el carro?
> *Tú lees:* a menos que / no ser posible
> *Tú dices: Utilizo el transporte público a menos que no sea posible.*

1. aunque / querer hacer más

2. para que / generar menos basura

3. antes de que / comenzar mi nuevo trabajo

4. tan pronto como / tener tiempo libre

5. antes de que / perjudicar a seres vivos

6. siempre que / poder llegar a tiempo al trabajo

6.3 Prepositions: *a, hacia,* and *con*

1 | **Un viaje diferente** Darío trabaja para una agencia de viajes especializada en turismo alternativo y viajes ecológicos. Selecciona la preposición correcta en cada oración.

1. a / con / hacia

2. a / con / hacia

3. a / con / hacia

4. a / con / hacia

5. a / con / hacia

6. a / con / hacia

7. a / con / hacia

8. a / con / hacia

9. a / con / hacia

10. a / con / hacia

2 | **Al teléfono** Escucha la conversación telefónica de Mateo. Completa las oraciones con la información correcta.

1. Mateo llama para _____

   a. hablar con la abuela.   b. hablar contigo.   c. hablarle a su madre.

2. Hace varios días la abuela no _____

   a. le habla a su madre.   b. habla con su hija.   c. habla con su esposo.

3. La abuela dice que la llamen _____

   a. hacia las ocho.   b. a las ocho.   c. a las siete.

4. Mateo quiere ir _____

   a. hacia la isla Culebra.   b. a la isla Culebra.   c. con la culebra.

5. La abuela y el abuelo caminaban todos los días _____

   a. hacia la playa.   b. a la playa.   c. con su hija.

vocabulario

Ahora escucharás el vocabulario que está al final de esta lección en tu libro de texto. Escucha con atención cada palabra o expresión y después repítela.

Audio Activities

Lección 7
La tecnología y la ciencia

contextos

1 **Identificación** Escucha unas definiciones de palabras relacionadas con la tecnología y la ciencia, y escribe el número de cada una junto a la palabra correspondiente.

_____ a. buscador   _____ f. extraterrestres
_____ b. células   _____ g. arroba
_____ c. clonar   _____ h. patente
_____ d. contraseña   _____ i. telescopio
_____ e. descubrimiento   _____ j. teoría

2 **¿Para bien o para mal?** Escucha las oraciones y determina si se refieren a un descubrimiento o invento positivo o negativo. Luego, escribe el nombre del invento o descubrimiento en la columna apropiada.

modelo
Tú escuchas: Se ha descubierto una cura para el cáncer.
Tú escribes: *Cura para el cáncer* en la columna de Positivo.

POSITIVO	NEGATIVO
1. _____	_____
2. _____	_____
3. _____	_____
4. _____	_____
5. _____	_____

3 **Transformar** Escucha cada oración y luego explica las intenciones de cada persona usando una de estas expresiones. Después, repite la respuesta correcta. *(6 items)*

modelo
Tú escuchas: Teresa quiere viajar por el espacio y llegar a la Luna.
Tú lees: ser astronauta
Tú dices: *Teresa quiere ser astronauta.*

alcanzar el último nivel	pedir una contraseña
buscar una cámara digital	subir un archivo a la red
comprar una computadora portátil	trabajar como matemática
desarrollar un nuevo reproductor de MP3	usar un corrector ortográfico

Audio Activities

estructura

7.1 The present perfect

1

Prácticas en el laboratorio Germán y Soraya son estudiantes que están haciendo prácticas en un laboratorio de investigación científica. Escucha su conversación sobre sus actividades de esta mañana e indica quién —Soraya, Germán o su amigo Luis— ha hecho cada una.

_____ 1. Ha mandado correos electrónicos y ha navegado en la red.

_____ 2. Ha descargado y guardado documentación para un trabajo de investigación.

_____ 3. Ha hablado por teléfono y ha hecho fotocopias.

_____ 4. Ha leído las lecturas para la clase de biología.

_____ 5. Ha trabajado en un nuevo invento que quiere patentar.

_____ 6. Sólo ha desayunado un yogur.

2

Un robot que limpia la casa Luis Pérez acaba de patentar un robot que limpia la casa. Escucha la entrevista que le hacen sobre su invento e indica si las oraciones son **ciertas** o **falsas**. Corrige las falsas.

Cierto	Falso	
❑	❑	1. Luis cree que ha diseñado el invento del siglo XXI.
❑	❑	2. Luis ha trabajado cinco años en su invento.
❑	❑	3. Luis ha recibido el apoyo de su familia y sus amigos.
❑	❑	4. A Luis le han hecho varias ofertas de compra de la patente.
❑	❑	5. Luis ya ha vendido la patente.
❑	❑	6. Algunas personas en los Estados Unidos le han ofrecido a Luis una beca (*scholarship*).

3

Experiencias con la tecnología Contesta las preguntas sobre tus experiencias con la tecnología. Utiliza el pretérito perfecto. Después, repite la respuesta correcta.

> **modelo**
> *Tú escuchas:* ¿Alguna vez has comprado libros en Internet?
> *Tú lees:* No, nunca
> *Tú dices:* No, nunca he comprado libros en Internet.

1. No, nunca

2. Sí

3. Sí, tres

4. No, nunca

5. No, nunca

6. Sí

Audio Activities

7.2 The past perfect

1 **Una simple cuestión de gustos** Marta y Carlos están en un laboratorio de genética esperando su turno con el asesor genético para determinar qué tipo de bebé les gustaría tener. Escucha su conversación y después determina si cada una de las oraciones es **cierta** o **falsa**, según lo que escuches.

Cierto	Falso	
❑	❑	1. Marta todavía no había decidido que quería una niña con ojos negros antes de llegar al laboratorio.
❑	❑	2. Carlos había empezado a pensar en las consecuencias meses antes de la consulta.
❑	❑	3. El asesor genético les había dicho que no podían elegir lo que quisieran.
❑	❑	4. La pareja había decidido tener el bebé la semana anterior.
❑	❑	5. Marta dijo que un bebé había nacido con una sonrisa maravillosa.
❑	❑	6. Marta le explicó a Carlos que los métodos científicos habían mejorado muchísimo en los últimos años.

2 **¿Cuándo había pasado?** Corrige las oraciones sobre las fechas en que estas personas realizaron obras e inventos. Utiliza el pretérito y el pluscuamperfecto. Sigue el modelo y, después, repite la respuesta correcta.

> **modelo**
>
> *Tú escuchas:* Samuel Morse inventó el código Morse en 1938.
> *Tú lees:* Samuel Morse: código Morse (1935) / telégrafo (1938)
> *Tú dices: No, Samuel Morse inventó el telégrafo en 1938. Ya había inventado el código Morse en 1935.*

1. Thomas Edison: fonógrafo (1877) / bombilla (1879)
2. Miguel de Cervantes: *Don Quijote de la Mancha* (1605) / *La española inglesa* (1613)
3. Pablo Picasso: *Arlequín* (1917) / *Guernica* (1937)
4. Galileo: termómetro (1593) / telescopio (1609)
5. Nikola Tesla: control remoto (1893) / radio (1897)

3 **¿Qué habías hecho?** ¿Te acuerdas de los momentos importantes de tu vida? Escucha las preguntas y responde si ya habías hecho esas cosas en el año indicado.

> **modelo**
>
> *Tú escuchas:* ¿Ya habías nacido?
> *Tú lees:* En 1992,
> *Tú escribes: yo ya **había nacido**.*

1. En 1994, _____
2. En 1999, _____
3. En 2000, _____
4. En 2003, _____
5. En 2008, _____
6. En 2009, _____

Audio Activities

7.3 Diminutives and augmentatives

1

Una mascota muy especial Cristina y Esteban van a una clínica veterinaria experimental para pedir que les hagan una mascota (*pet*) original. Escucha su conversación e indica si las oraciones son ciertas o falsas.

Cierto	Falso	
❑	❑	1. Cristina quiere que le preparen un "perrogatito".
❑	❑	2. Esteban quiere una mascota con unas orejas chiquititas.
❑	❑	3. A Cristina le encantan las mascotas con ojazos grandotes.
❑	❑	4. Esteban vio una mascota con dientecitos pequeñitos.
❑	❑	5. Esteban quiere una mascota con narizota grande y patas pequeñitas.
❑	❑	6. Cristina y Esteban no pueden decidir cómo será el carácter de su mascota.

2

Comentarios Escucha los comentarios de cuatro personas sobre los experimentos con animales. Indica si están a favor o en contra, e identifica los aumentativos o diminutivos que usa cada uno. Luego, escribe tu opinión sobre este tema.

	De acuerdo	En desacuerdo	Aumentativos/Diminutivos
Esteban	❑	❑	_____
Teresa	❑	❑	_____
Pedro	❑	❑	_____
Gabriela	❑	❑	_____

Mi opinión: _____

_____

3

Lo nunca visto Cristina te va a dar una descripción de lo que ve por la calle. Escucha lo que dice Cristina y escribe comentarios usando aumentativos y diminutivos.

> **modelo**
>
> *Tú escuchas:* He visto un perro muy grande y agresivo.
> *Tú escribes:* ¡Qué perrazo!

1. _____

2. _____

3. _____

4. _____

5. _____

vocabulario

Ahora escucharás el vocabulario que está al final de esta lección en tu libro de texto. Escucha con atención cada palabra o expresión y después repítela.

Audio Activities

Lección 8
La economía y el trabajo

1 **Identificación** Escucha unas definiciones relacionadas con la economía y el trabajo, y elige la palabra que corresponde a cada una.

1. a. aumento   b. gerente
2. a. deuda   b. contrato
3. a. despedir   b. gastar
4. a. empleo   b. conferencia
5. a. bancarrota   b. reunión
6. a. bolsa de valores   b. presupuesto
7. a. jubilarse   b. contratar
8. a. sueldo   b. sindicato
9. a. currículum vitae   b. entrevista de trabajo
10. a. cobrar   b. solicitar

2 **¿Quién lo dijo?** Escucha lo que dicen cinco personas sobre el trabajo y escribe el número del comentario al lado de la persona que lo dice.

_____ a. vendedor(a)   _____ e. dueño/a

_____ b. asesor(a)   _____ f. desempleado/a

_____ c. periodista   _____ g. socio/a

_____ d. empleado/a de banco   _____ h. ejecutivo/a

3 **Intérprete** Jason es un estudiante extranjero en tu clase de economía. Contesta sus preguntas y, después, repite la respuesta correcta. (*6 items*)

> **modelo**
>
> *Tú escuchas:* ¿Cómo se llama la persona que toma las decisiones en una empresa?
> *Tú lees:* gerente
> *Tú dices: Un gerente toma las decisiones en una empresa.*

contador	empleado
cuenta corriente	empresa multinacional
desempleado	sindicato
deuda	tarjeta de crédito
ejecutivo	vendedor

Audio Activities

estructura

8.1 The conditional

1 **Una entrevista de trabajo** Escucha la conversación entre Felipe y el entrevistador y, luego, marca si lo que afirman las oraciones es **cierto** o **falso**. Corrige las falsas.

Cierto	Falso		
❏	❏	1.	A Felipe le importaría viajar.
❏	❏	2.	Felipe no trabajaría los fines de semana.
❏	❏	3.	A Felipe le gustaría tener un día libre.
❏	❏	4.	Felipe viviría en el campo.
❏	❏	5.	Felipe saludaría a todos sus compañeros.
❏	❏	6.	Felipe intentaría conocer bien a su jefe.

2 **Comentarios** Escucha los comentarios que hace Edgar sobre una entrevista de trabajo. Indica el tiempo correcto del verbo indicado.

	Condicional	Futuro	Pasado
1. ser			
2. llegar			
3. ser			
4. atender			
5. estar			
6. viajar			
7. pagar			
8. tener			
9. seguir			
10. elegir			

3 **Tu propia entrevista** Imagina que vas a tener una entrevista para un trabajo muy interesante y necesitas prepararte bien. Contesta las preguntas sobre cómo te prepararías usando el condicional. Después, escucha la respuesta correcta.

> **modelo**
> *Tú escuchas:* ¿Cómo irías a tu entrevista? ¿Caminando, en carro o en taxi?
> *Tú lees:* mi propio carro
> *Tú dices:* Iría en mi propio carro.

1. un traje formal
2. mis estudios en el extranjero
3. un rato antes
4. de usted
5. un sueldo determinado

Audio Activities

8.2 The past subjunctive

1

La huelga general Escucha las peticiones de los sindicatos y los trabajadores. Después, completa cada oración usando el imperfecto del subjuntivo.

1. Los trabajadores demandaron que _____ el sueldo.

2. Los sindicatos exigieron que _____ mayor seguridad en el trabajo.

3. Luis Pérez pidió que _____ mejor las horas extraordinarias.

4. Marisa Canto pidió que _____ una guardería para los hijos de los empleados.

5. Los sindicatos exigieron que _____ dinero a programas sociales y educativos.

6. Los trabajadores del comedor reclamaron que _____ una cocina más moderna.

2

Las finanzas Primero, lee estos seis finales de oraciones sobre inversiones y bienes inmuebles (*real estate*). Luego, escucha los comentarios y escribe el número del principio más lógico para completar las oraciones.

_____ a. ...invirtiera en la bolsa.

_____ b. ...comprara una casa en las afueras de la ciudad.

_____ c. ...tuvieran otro hijo.

_____ d. ...abrieran también una empresa de exportación.

_____ e. ...comprara también acciones (*shares*) en otras empresas para diversificar.

_____ f. ...aprendieran a hablar chino.

3

Alta costura Una joven y excéntrica condesa millonaria ha llegado a la tienda de Carolina Herrera donde tú trabajas de vendedor o vendedora. Escucha sus peticiones absurdas. Luego, di las cosas que te pidió que hicieras.

> **modelo**
> *Tú escuchas:* Te ordeno que cuides a mi perro.
> *Tú lees:* ordenar / mi perro
> *Tú dices: La condesa me ordenó que cuidara a su perro.*

1. pedir / atentamente

2. mandar / un café con un pedazo de torta de chocolate

3. decir / otra silla

4. pedir / Carolina Herrera

5. ordenar / las últimas creaciones

6. mandar / ropa

Audio Activities

8.3 *Si* clauses with simple tenses

1 **Futuro** Escucha las oraciones y termínalas con la respuesta más lógica.

1. a) iría a la oficina en taxi.
   b) llegaría más temprano a la oficina.

2. a) dormiría más por la mañana.
   b) mi trabajo sería más eficiente.

3. a) me ascenderían.
   b) me jubilaría.

4. a) renunciaré a mi puesto.
   b) aumentarán mi sueldo.

5. a) compraré una casa.
   b) trabajaré menos horas.

6. a) tendría que pedir una hipoteca al banco.
   b) tendría que contratar a un contador.

2 **Cómo casarse con un millonario** Escucha la conversación entre Valeria y su amiga Diana. Completa las oraciones con el tiempo adecuado. Luego, decide si son **ciertas** o **falsas.**

Cierto	Falso	
❏	❏	1. Si Valeria _____ (ganar) la lotería, viajaría a París.
❏	❏	2. Si fuera a las Bahamas, _____ (conocer) a un millonario.
❏	❏	3. Si Valeria _____ (conocer) a un millonario, iría de viaje con él.
❏	❏	4. Si _____ (casarse) con un millonario, Valeria seguiría escribiendo artículos.
❏	❏	5. Si fuera millonaria, Valeria siempre _____ (estar) tomando el sol.
❏	❏	6. Si Valeria viajara mucho, _____ (contratar) a un intérprete.

3 **¿Y tú?** Escucha las preguntas sobre situaciones presentes e hipotéticas y contesta con oraciones completas. Usa el presente y el condicional, según corresponda.

> **modelo**
>
> *Tú escuchas:* ¿Qué haces si en tu trabajo te ofrecen más responsabilidades sin un aumento de sueldo?
> *Tú lees:* hablar con mi jefe
> *Tú dices:* Si me ofrecen más responsabilidades sin un aumento, yo hablo con mi jefe.
>
> *Tú escuchas:* ¿Cómo actuarías si en una ocasión te pagaran dos veces por error?
> *Tú lees:* devolver la parte del dinero que no me corresponde
> *Tú dices:* Si me pagaran dos veces por error, yo devolvería la parte del dinero que no me corresponde.

1. irse a vivir a la playa
2. pedir una aclaración amablemente
3. invertirlo en propiedades

4. recordarle el horario
5. recomendarle una escuela

vocabulario

Ahora escucharás el vocabulario que está al final de esta lección en tu libro de texto. Escucha con atención cada palabra o expresión y después repítela.

contextos

Lección 9
La cultura popular y
los medios de comunicación

1 Identificación Escucha unas definiciones relacionadas con la cultura popular y los medios de comunicación y escribe el número de la definición al lado de la palabra correspondiente.

_____ a. estrellas

_____ b. chismes

_____ c. emisora

_____ d. anuncio

_____ e. noticias

_____ f. prensa sensacionalista

_____ g. presentador

_____ h. público

_____ i. telenovela

_____ j. titulares

2 Programación televisiva Escucha un anuncio de una cadena de televisión e indica qué programación televisiva corresponde a cada uno de los días indicados.

	Lun.	Mar.	Mié.	Jue.	Vie.	Sáb.	Dom.
1. Último episodio de la serie *Tigres*							
2. Chismes de sociedad							
3. Crónicas deportivas							
4. Reportaje sobre vidas de los grandes jugadores del fútbol							
5. Documental sobre cultura popular							
6. Revista semanal *Siete días*							
7. Noticias de las nueve							
8. Largometraje *Un día cualquiera*							

3 Preguntas Mira las imágenes y responde a las preguntas. Ayúdate con algunas de las palabras de la lista. Luego, escucha y repite la respuesta correcta.

episodio	noticias	publicidad	telenovela
locutor	periódico	reportero	televidente

1. 2. 3. 4.

Audio Activities

estructura

9.1 Present perfect subjunctive

1 **¡Qué nervios!** Imagina que eres el ayudante (*assistant*) de un actor de teatro que está muy nervioso el día del estreno. Escucha lo que dice el actor e intenta tranquilizarlo. Sigue el modelo.

> **modelo**
>
> *Tú escuchas:* ¡Qué nervios! Creo que se me ha olvidado el guión.
> *Tú escribes:* No creo que *se te haya olvidado* el guión.

1. No es verdad que _____ lo suficiente.

2. No creo que _____ de ti.

3. No es cierto que _____ de ti.

4. No es verdad que _____ en obras de teatro malísimas.

5. Es imposible que _____ a su fiesta.

6. Dudo que _____ tu actuación.

2 **El jefe mentiroso** Estás trabajando de ayudante para una publicación sensacionalista. Escucha cada chisme que menciona tu jefe y dile lo que piensas. Sigue el modelo. Después, repite la respuesta correcta.

> **modelo**
>
> *Tú escuchas:* Jon Bon Jovi se ha divorciado después de veinte años de matrimonio.
> *Tú lees:* me extraña que
> *Tú dices:* Me extraña que Jon Bon Jovi se haya divorciado.

1. dudo que

2. no creo que

3. dudo que

4. es imposible que

5. no creo que

6. no pienso que

3 **Comentarios** Escucha los siguientes comentarios sobre los medios y los chismes. Escoge entre el pretérito perfecto del indicativo o del subjuntivo para completar cada oración.

1. a. han mejorado   b. hayan mejorado
2. a. han publicado   b. hayan publicado
3. a. han cerrado   b. hayan cerrado
4. a. ha convertido   b. haya convertido
5. a. han dañado   b. hayan dañado
6. a. hemos colaborado   b. hayamos colaborado

Audio Activities

9.2 Relative pronouns

1 **Decisiones** Las directivas de un periódico nacional se han reunido para tomar algunas decisiones. Escucha lo que ocurre en la reunión y selecciona la mejor opción.

1. a. Cambiaremos los titulares de la portada, los cuales serán más grandes.

   b. Cambiaremos la portada, que será más grande.

2. a. Los redactores, quienes están cansados, serán despedidos.

   b. Los redactores, quienes están cansados, se irán de vacaciones por un mes.

3. a. Aumentaremos los espacios de publicidad, que está dando pérdidas.

   b. La publicidad, cuyas ganancias son altas, tendrá más espacio en el periódico.

4. a. Será contratado un nuevo crítico de cine, quien debe tener experiencia.

   b. El nuevo crítico de cine, quien tiene experiencia, será puesto a prueba.

5. a. El periodista, cuyo punto de vista no es imparcial, será despedido.

   b. El periodista, quien no ha sido honesto, será despedido.

6. a. Los lectores tendrán descuentos en la suscripción del periódico, la cual deberá ser por un año.

   b. Los lectores que tengan suscripción por un año tendrán descuentos en algunas tiendas.

2 **Descripciones** Escucha las siguientes descripciones y luego forma una oración con el pronombre relativo en la secuencia indicada. Después, repite la respuesta correcta.

> **modelo**
>
> *Tú escuchas:* La banda sonora es divertida. La banda sonora la compré por Internet.
> *Tú lees:* que / divertida / Internet
> *Tú dices:* La banda sonora, que es muy divertida, la compré por Internet.

1. quien / diario / Chile

2. la cual / bastante joven / mala reputación

3. cuyo / contaminación / premio muy importante

4. que / controvertida / chismes de las celebridades

5. la cual / independiente / muy bien

6. el cual / viernes / muy emocionante

3 **La fama** Vas a escuchar unos comentarios sobre personas que trabajan en distintos medios de comunicación. Escúchalos y contesta las preguntas usando los pronombres relativos indicados. Después, repite la respuesta correcta.

> **modelo**
>
> *Tú escuchas:* La chica está allí sentada. Ella es la doble de una famosa cantante latina.
> *Tú lees:* ¿Quién es la doble de la cantante latina? *(que)*
> *Tú dices:* Es la chica que está allí sentada.

1. ¿De qué reportero famoso están hablando? *(cuyo)*

2. ¿De qué crítico de cine están hablando? *(con quien)*

3. ¿Qué emisora se ha hecho popular entre la comunidad latina? *(que)*

4. ¿Quién es el chico atractivo? *(a quien)*

5. ¿Qué fotografías mandaste? *(cuyos)*

Audio Activities

Lección 9 Audio Activities

9.3 The neuter *lo*

1

Los placeres del mate Rosana ha preparado una presentación sobre el mate para una de sus clases. Escucha un fragmento de su presentación y después indica si las oraciones son **ciertas** o **falsas**.

Cierto	Falso	
❏	❏	1. Lo mejor del mate es que no te deja dormir por la noche.
❏	❏	2. Lo peor del mate es que te acostumbras a él y luego ya no puedes vivir sin él.
❏	❏	3. Lo que más le gusta del mate a Rosana es que no se comparte.
❏	❏	4. Rosana dice que una buena razón para tomarlo es lo delicioso que es.
❏	❏	5. Rosana destaca lo fácil que es preparar una mateada.
❏	❏	6. El padre de Rosana decía que lo más importante del mate es que simboliza amistad.

2

Acción de Gracias Ahora piensa en las tradiciones del día de Acción de Gracias (*Thanksgiving*). Escucha lo que una persona opina sobre esta fiesta y dile que estás de acuerdo. Después, repite la respuesta correcta.

> **modelo**
>
> *Tú escuchas:* En la celebración de Acción de Gracias es importante que el pavo sea grande.
> *Tú dices:* Sí, eso es lo más importante.

3

Reacciones Escucha los comentarios y responde a ellos siguiendo el modelo.

> **modelo**
>
> *Tú escuchas:* Qué joven es Carlos.
> *Tú lees:* sorprenderme
> *Tú dices:* Me sorprende lo joven que es.

1. molestarme   2. no poder creer   3. gustarme   4. ser sorprendente   5. ser increíble

vocabulario

Ahora escucharás el vocabulario que está al final de esta lección en tu libro de texto. Escucha con atención cada palabra o expresión y después repítela.

contextos

1 **Una pareja compatible** Graciela y Paulino son personas creativas. Escucha las afirmaciones sobre ellos e indica si cada una es **cierta** o **falsa**, según la ilustración.

Graciela

Paulino

Cierto Falso

1. ☐ ☐
2. ☐ ☐
3. ☐ ☐
4. ☐ ☐
5. ☐ ☐

2 **Hablando de literatura** Corrige las oraciones con las palabras adecuadas. Después, repite las oraciones.

> **modelo**
>
> *Tú escuchas:* El protagonista de la novela de terror es un niño.
> *Tú lees:* novela policíaca
> *Tú dices: El protagonista de la novela policíaca es un niño.*

1. la naturaleza muerta
2. narrar
3. expresionista
4. versos
5. humorística

3 **¿Cuánto sabes?** ¿Sabes mucho sobre arte? ¿Y sobre literatura? Para medir tus conocimientos, escucha las preguntas del narrador y elige la respuesta que te parezca más lógica y apropiada para cada pregunta.

1. a) Significa que la pintura muestra plantas y animales muertos.

   b) Significa que la pintura muestra imágenes de la naturaleza sin movimiento.

2. a) Contar los sucesos principales que tienen lugar en una narración.

   b) Describir detalladamente al protagonista de una narración.

3. a) Hablamos de alguien que vive durante el mismo período que vivimos nosotros.

   b) Nos referimos a una persona que siempre hace las cosas con tiempo.

4. a) Es una imagen del artista que pinta el retrato.

   b) Es una imagen abstracta de un sujeto.

5. a) Casi siempre tiene una heroína que lucha por una causa social.

   b) Suele tener una protagonista que tiene que vencer varios obstáculos para conseguir el amor de su vida. La historia termina con un final feliz.

Audio Activities

estructura

10.1 The future perfect

1 **La galería de arte** Escucha lo que Armando le dice a su jefa, Manuela, y completa las oraciones.

1. Para el martes, Armando ya _____ las invitaciones por correo electrónico.

2. Ramón _____ los dos últimos cuadros para el mes de octubre.

3. Lucía _____ su última escultura antes de la Navidad.

4. Emilio _____ sus problemas personales para enero o febrero

   y _____ los retratos para la exposición de la primavera.

5. Armando y Manuela _____ otras obras para la exposición.

2 **¿Qué habrá pasado?** Escucha lo que sucedió en la exposición y explica lo que habrá pasado en cada caso según la información indicada. Luego, escucha y repite la respuesta correcta.

> **modelo**
>
> *Tú escuchas:* Manuela cerró la galería de arte.
> *Tú lees:* tener problemas económicos
> *Tú dices: Probablemente **habrá tenido** problemas económicos.*

1. estar muy ocupado
2. romperse una pierna
3. tener que operarse la pierna

4. no resolver sus problemas personales
5. no haber pintores buenos
6. hacer planes precipitados

3 **Una escritora ocupada** Escucha la conversación telefónica entre la escritora Margarita Silva y el jefe de redacción del periódico para el que ella escribe. Después indica si las oraciones son **ciertas** o **falsas**. Corrige las falsas.

Cierto	Falso	
❏	❏	1. Margarita habrá terminado su columna semanal para el sábado.
		_____
❏	❏	2. A los lectores les interesó el artículo de Margarita.
		_____
❏	❏	3. El jefe piensa que los artículos satíricos son aburridos.
		_____
❏	❏	4. Cuando vaya de viaje a Valparaíso, Margarita ya habrá enviado la novela.
		_____
❏	❏	5. Margarita desea haber hecho un buen trabajo.
		_____

10.2 The conditional perfect

1 **La vida bohemia** Escucha lo que dice Arturo y ordena estas oraciones cronológicamente.

_____ a. Envió un cuento a un periódico y lo publicaron con el nombre de otro escritor.

_____ b. Le regaló una escultura a una amiga y ella se la vendió a un coleccionista de arte.

_____ c. Escribió una canción, pero su amigo no reconoció sus derechos de autor.

_____ d. Le prometieron exhibir sus cuadros en una galería, pero cambiaron de opinión.

_____ e. Lo contrataron para dar un concierto y lo cancelaron al día siguiente.

2 **Todo podría haber sido distinto** Lee el comienzo de estas oraciones. Después, vuelve a escuchar lo que dice Arturo y completa las oraciones escribiendo lo que podría haber sucedido. Usa el condicional perfecto.

1. Si Arturo hubiera exhibido sus obras en la galería de arte, _habría podido vender un montón de cuadros._

2. Si el concierto no se hubiera cancelado, _____.

3. Si su amiga no hubiera vendido la escultura de Arturo, _____.

4. Si Arturo no hubiera enviado el cuento al periódico, _____.

5. Si Arturo no hubiera escrito una canción para su amigo, _____.

3 **¿Qué habrías hecho tú?** Emilio te va a explicar lo que hizo en varias situaciones. Escúchalo y di qué habrías hecho tú en su lugar, de acuerdo con la información dada. Después, repite la respuesta correcta.

> **modelo**
>
> _Tú escuchas:_ Mis amigos me regalaron entradas para ver una obra de teatro, pero yo no las acepté.
> _Tú lees:_ sin problema
> _Tú dices:_ En su lugar, yo las habría aceptado sin problema.

1. ir sin pensarlo un instante

2. colgar en la pared de mi habitación

3. leer en sólo una noche

4. preparar para la cena

5. llegar a tiempo

6. escuchar en mi computadora nueva

Audio Activities

10.3 The past perfect subjunctive

1 **Críticas negativas** Todo el mundo se queja de algo en una exposición de cuadros. Escucha los comentarios de algunas personas y completa las oraciones usando el pluscuamperfecto del subjuntivo.

> **modelo**
>
> *Tú escuchas:* A Ramón no le gusta que haya asistido tanta gente a la exposición.
> *Tú escribes:* A Ramón *no le gustó* que *hubiera asistido* tanta gente a la exposición.

1. A Emilio _____ que _____ tantos problemas con las bebidas.

2. Al señor y a la señora Ramírez no _____ bien que se _____ tanto espacio a las esculturas.

3. A la recepcionista _____ que no _____ a otro ayudante.

4. Los artistas _____ miedo de que sus obras no se _____ contra posibles robos.

5. Al representante del servicio de comida no _____ que _____ tantos invitados antes de la hora prevista.

6. Al dibujante _____ que no se _____ mejor el espacio en la galería.

2 **¿Cómo fue la exposición?** Escucha las oraciones incompletas y complétalas utilizando la información dada. Después, escucha y repite la respuesta correcta.

> **modelo**
>
> *Tú escuchas:* Cuando llegué allí, me molestó que no...
> *Tú lees:* servir / nada de comer
> *Tú dices:* Cuando llegué allí, me molestó que no hubieran servido nada de comer.

1. artistas / no estar / presentes _____

2. no haber / suficientes obras _____

3. no costar / mucho dinero _____

4. ser / una escuela de arte anteriormente _____

vocabulario

Ahora escucharás el vocabulario que está al final de esta lección en tu libro de texto. Escucha con atención cada palabra o expresión y después repítela.

escritura

Estrategia
Freewriting

Although organizing your ideas and facts before you write is an important part of the writing process, it is also important to learn how to get your ideas and information down on paper quickly. One effective way to do that is a technique known as freewriting.

Freewriting is exactly what it sounds like—writing freely and quickly without going back to edit your work as you write. The idea is to organize your information before you write, but when it is time to begin writing, you simply let the words pour onto the paper without reviewing them critically. Freewriting is a good way to create a rough draft; you write as much as you can on the topic without worrying about organization or errors of any kind as you write.

Here are some do's and don'ts when it comes to freewriting:

DO...

▶ write freely without revising.

▶ write as much as you can until you feel you have exhausted the topic.

▶ use multiple freewriting sessions if you need them.

▶ save ideas for revision and improvement for the editing stage.

DON'T...

▶ worry about errors of organization, spelling, grammar, etc. as you write.

▶ set a limit on how much time you spend freewriting.

▶ reread your work until you have finished the freewriting stage.

Tema
Una carta de consejos

Antes de escribir

1. Vas a escribir una carta de consejos para contestar una escrita por Alonso, un chico colombiano.

2. Lee la carta que escribió Alonso.

> Me llamo Alonso. Tengo 17 años y soy de Colombia. Vine a Boston con mi familia porque mi padre consiguió un nuevo trabajo. Conocí a Sean en la clase de español. Ahora somos muy buenos amigos. Nos llevamos bien y lo pasamos muy bien en las clases. Nos gusta comparar las diferencias culturales entre los latinoamericanos y los estadounidenses.
>
> Los problemas comenzaron cuando Sean y yo empezamos a salir con un grupo de sus amigos después de las clases. Todos sus amigos son estadounidenses. Pienso que a nadie le interesa charlar conmigo y a mí tampoco me interesa hablar con ellos de béisbol y esas cosas. Cuando voy a la casa de Sean para comer y llevo comida colombiana para compartir, su familia me mira con desconfianza. Cuando trato de hablar con ellos en inglés, hago errores y tengo vergüenza. A veces pienso que no debo tratar de hacer amistades con estudiantes estadounidenses como Sean, pero nos llevamos muy bien en el colegio. Sólo tenemos problemas fuera de la escuela. ¿Qué puedo hacer para sentirme menos nervioso con otras personas estadounidenses fuera de la escuela?

3. Toma cinco minutos para anotar tus reacciones a la carta y tus sugerencias para Alonso.

Escribir

1. Usa la técnica de escritura libre (*freewriting*) para crear el primer borrador de tu carta, usando los apuntes que tomaste en la parte anterior.

2. Recuerda que debes escribir todas tus ideas a la vez, sin pensar demasiado en la organización y los errores de gramática y estilo.

Después de escribir

1. Una vez que hayas creado el primer borrador usando la técnica de escritura libre, es importante revisarlo cuidadosamente.

2. Mientras leas tu borrador, subraya (*underline*) todas las oraciones relacionadas a una idea principal. Haz un círculo alrededor de las oraciones relacionadas a una segunda idea principal. Luego haz un cuadro (*square*) alrededor de las oraciones relacionadas a una tercera idea principal. Mira este borrador.

Veo que estás muy triste. Debes seguir con tu amistad con Sean. Tú no eres la causa del problema. Sean tampoco es la causa del problema. Estás muy nervioso cuando tienes que hablar inglés. Si es posible, debes hablar del problema con Sean. Vas a tener más confianza dentro de unos meses.

- ► Las oraciones subrayadas se refieren a las emociones.
- ► Las oraciones dentro de círculos son sugerencias.
- ► Las oraciones dentro de cuadros analizan el problema.

3. Después de marcar tu borrador de esta manera, míralo otra vez. Trata de agrupar las ideas marcadas de la misma forma. Reescribe el borrador usando esta nueva organización.

4. Antes de intercambiar tu borrador con un(a) compañero/a de clase, léelo otra vez para eliminar errores obvios de gramática, ortografía, etc.

5. Ahora, intercambia tu borrador con un(a) compañero/a de clase. Coméntalo y contesta estas preguntas.

- ► ¿Le hizo tu compañero/a sugerencias a Alonso?
- ► ¿Agrupó tu compañero/a las oraciones relacionadas?
- ► ¿Organizó tu compañero/a bien su carta?
- ► ¿Qué detalles añadirías (*would you add*)? ¿Cuáles quitarías (*would you delete*)? ¿Qué otros comentarios tienes para tu compañero/a?

6. Revisa tu carta según los comentarios de tu compañero/a. Después de escribir la versión final, léela otra vez para eliminar errores de:

- ► ortografía
- ► puntuación
- ► uso de letras mayúsculas y minúsculas
- ► concordancia entre sustantivos y adjetivos
- ► uso de verbos en el presente de indicativo
- ► uso de ser y estar

escritura

Estrategia
Writing within a time limit

Another good writing strategy for creating your rough draft is setting a time limit in which to write. When you know you only have so much time to express your ideas, it forces you to prioritize your ideas quickly and not dwell too long on expressing them.

One of the benefits of writing within a time limit is that it makes you write your ideas in order of importance. You practiced doing this in **Nivel 2, Lección 6**, when you used an inverted pyramid to organize ideas this way. When you write within a time limit, you are doing the same thing—because you have only so much time, you need to focus on what is most important to say, then what is next most important to say, and so on. Another benefit of this writing strategy is that it prepares you for writing as part of your future career. In the modern work place it is most often the case that you have to write while bound by a tight deadline. Being able to organize your thoughts quickly and express them rapidly is an important skill in today's fast-moving world of work.

To use this technique, begin by organizing your thoughts in advance. Then, once you have an idea of what you want to say, allow yourself a strict time limit to create each section of your written piece. Because you are focusing on writing information in order of importance, you may write your paragraphs out of order. As in freewriting, the writing stage does not include time for in-depth editing; you will do that as a separate step later. Unlike freewriting, you are free to go back and read what you have already written, keeping in mind that you are on deadline! The important thing is to keep moving ahead and then come back and reshape your work during the editing phase.

Tema
Un correo electrónico

Antes de escribir

1. Vas a escribir un correo electrónico a un grupo de amigos. Tus abuelos vienen de visita por una semana y llevas varios días planeando una fiesta donde se los presentarás a tus amigos. Ahora quieres escribirles a tus amigos para recordarles los planes para la fiesta y decirles lo que deben y no deben hacer para causar una buena impresión.

2. Tu mensaje va a tener cinco partes:

   ▶ Parte 1: un saludo informal, como **Hola, ¿Qué tal?, ¿Qué onda?**, etc.

   ▶ Parte 2: una breve introducción para recordarles a tus amigos qué cosas les gustan a tus abuelos y qué cosas les molestan. Puedes usar estas expresiones: **(no) les gusta(n), les fascina(n), les encanta(n), les aburre(n), (no) les interesa(n), (no) les molesta(n).**

   ▶ Parte 3: un párrafo en el que explicas que tus abuelos son formales y elegantes y les dices a tus amigos que tienen que arreglarse para la ocasión. Usa expresiones como **quitarse el arete, afeitarse, vestirse mejor, peinarse**, etc.

   ▶ Parte 4: una oración en la que les recuerdas a tus amigos dónde van a encontrarse para la fiesta.

   ▶ Parte 5: una despedida informal

3. Usa el diagrama de la pirámide invertida para organizar lo que tienes que escribir y para decidir cuáles de las secciones del mensaje son más importantes. Escribe las cinco partes en la pirámide, pensando en el tiempo que crees que necesitas para escribir cada una. Mientras completas el diagrama, también puedes añadir algunos de los detalles que piensas incluir en la composición.

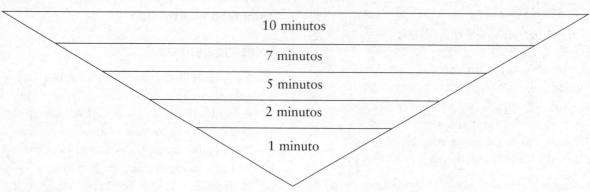

10 minutos

7 minutos

5 minutos

2 minutos

1 minuto

Escribir

1. Mira la pirámide invertida que hiciste para ver cuánto tiempo tienes para escribir cada parte del mensaje, según lo que anotaste.

2. Escribe los números de las cinco partes del mensaje en el margen izquierdo de tu composición. Vas a escribir las partes según el orden de los niveles (levels) de la pirámide, no según el orden del mensaje final.

3. Mientras escribes, incluye la información de cada parte al lado del número correspondiente en el margen.

4. Al escribir cada sección, no escribas por más del número de minutos indicados en la pirámide.

5. Verifica el uso correcto de los verbos reflexivos y de los verbos como **gustar** mientras escribes.

Después de escribir

1. Lee tu mensaje y corrige los errores que encuentres. También verifica el orden de las partes y a la cohesión del mensaje en general. Si quieres hacer cambios, hazlos ahora y reescribe el mensaje.

2. Intercambia tu borrador con un(a) compañero/a de clase. Coméntalo y contesta estas preguntas.

   ▶ ¿Incluyó tu compañero/a las cinco partes del mensaje?

   ▶ ¿Escribió toda la información necesaria para cada parte?

   ▶ ¿Usó algunas de las palabras y expresiones indicadas anteriormente?

   ▶ ¿Usó bien los verbos como **gustar** y los verbos reflexivos?

   ▶ ¿Qué detalles añadirías (*would you add*)? ¿Cuáles quitarías (*would you delete*)? ¿Qué otros comentarios tienes para tu compañero/a?

3. Revisa tu mensaje según los comentarios de tu compañero/a. Después de escribir la versión final, léela otra vez para eliminar errores de:

   ▶ ortografía

   ▶ puntuación

   ▶ uso de letras mayúsculas y minúsculas

   ▶ concordancia entre sustantivos y adjetivos

   ▶ uso de verbos en el presente de indicativo

   ▶ uso de verbos como **gustar**

   ▶ uso de verbos reflexivos

escritura

Lección 3

Estrategia
Writing to a friend

Although not everyone suffers from writer's block, most people occasionally have trouble getting started with a piece of writing. For whatever reasons, it is sometimes difficult to stop conceptualizing and start writing. One good technique for getting you going is to pretend you are writing to a friend. This strategy works especially well when what you are writing is some kind of narrative or anecdote.

The technique of writing to a friend is as simple as it sounds. Rather than worrying about how you are going to organize your composition, you simply plunge right in, as if you were telling the story aloud to a friend. Just write what you would say—in that order and with those words. Write as quickly as you can, pretending you are talking and not writing. Once you have jotted down the entire story or narrative, you can then go back and revise in these areas to make it sound more like a written composition and less like a conversation:

▶ Replace informal conversational language with more formal language. For example, replace **por poco me muero de risa** (conversational) with **me reí muchísimo** (more formal).

▶ Divide the body of your narrative into clear paragraphs, each dealing with a particular phase of the story.

▶ Make sure all sentences are complete sentences. Often, when we talk, we use sentence fragments. In writing, this is rarely done except in very stylized pieces; it is safer to use complete sentences throughout. For example: replace **y así y así** with **y todo siguió así**.

Tema
Una anécdota del pasado

Antes de escribir

1. Vas a contar una anécdota que te haya ocurrido en el pasado. Debes pensar en una historia divertida, dramática o interesante relacionada con uno de estos temas:

   ▶ Un regalo especial que recibiste

   ▶ Una situación en la que usaste una excusa falsa y las cosas no te salieron bien

   ▶ Una situación en la que fuiste muy ingenuo/a (*naïve*)

2. Tu anécdota debe tener estas tres partes:

   ▶ Un título breve que sugiera el contenido de la historia pero que no dé demasiada información

   ▶ Un cuerpo o parte central con distintos párrafos que narren el contenido de la anécdota. Explica qué estaba pasando cuando ocurrió el acontecimiento: dónde estabas, con quién estabas, etc. Usa el imperfecto para describir en el pasado. Luego cuenta qué pasó, cómo pasó, a quién le pasó, etc. Usa el pretérito para contar las acciones. Incluye expresiones como: **al principio, al final, después, entonces, luego, todo empezó cuando**, etc.

   ▶ Una conclusión que termine la historia y explique cuál fue el resultado del acontecimiento y cómo te sentiste

3. Antes de escribir tu anécdota, organiza los eventos de la historia usando el siguiente diagrama que indica su secuencia. Las tres partes del diagrama corresponden a las tres partes de la anécdota.

TÍTULO: _____

⇩

CUERPO/PARTE CENTRAL:

⇩

CONCLUSIÓN:

Escribir

1. Escribe tu anécdota, incluyendo las tres partes indicadas anteriormente.

2. Mientras escribes, imagina que estás contándole la historia a un(a) amigo/a. No te preocupes por el estilo; concéntrate sólo en el contenido.

3. Verifica el uso correcto del pretérito y del imperfecto mientras escribes.

Después de escribir

1. Lee tu anécdota y haz lo siguiente para revisarla:

   ▶ Reemplaza las palabras y expresiones informales con expresiones más formales.

   ▶ Verifica que el cuerpo esté dividido en cuantos párrafos sean necesarios.

   ▶ Asegúrate (*Ensure*) de que todas las oraciones sean oraciones completas y no fragmentos.

2. Intercambia tu borrador con un(a) compañero/a de clase. Coméntalo y contesta estas preguntas.

   ▶ ¿Incluyó tu compañero/a las tres partes de la anécdota?

   ▶ ¿Usó él/ella algunas de las palabras y expresiones indicadas anteriormente?

   ▶ ¿Usó él/ella correctamente el pretérito y el imperfecto para contar su historia?

   ▶ ¿Qué detalles añadirías (*would you add*)? ¿Cuáles quitarías (*would you delete*)? ¿Qué otros comentarios tienes para tu compañero/a?

3. Revisa tu anécdota según los comentarios de tu compañero/a. Después de escribir la versión final, léela otra vez.

escritura

Estrategia
Identifying level of address

As you learned in **Nivel 2, Lección 4**, when you write it is important to have an audience in mind. It may be a friend, a family member, a teacher or other adult, or even someone you do not know, but you should always be thinking of your intended reader as you create your written piece.

Level of address is an expression that refers to how you talk to different audiences. For example, you use one level of address with friends and family members, another with elders or superiors, and another with people you do not know. When greeting a friend you might say, "What's up?" When greeting an older person, you might say, "Hi, how are you?" And when greeting someone you have just met you might say, "Hello, how are you today?" Each greeting demonstrates a different level of address, from informal to more formal to very formal.

In Spanish, level of address is conveyed in a number of ways. The most obvious one is the **tú** vs. **usted** distinction. We use **tú** to address friends and family members in a casual way, and **usted** to address elders, superiors, and people we do not know in a more formal way.

There are also a number of courtesy expressions that can be added to your message to raise the level of address to a more formal level.

quisiera (instead of **quiero**)	*I would like*
me gustaría (instead of **quiero**)	*I would like*
pudiera usted (instead of **puede**)	*could you*
por favor	*please*
con su permiso	*with your permission*
si no es una molestia	*if it's not any trouble*
Se lo agradecería mucho.	*I would greatly appreciate it.*

Tema
Un decálogo

Antes de escribir

1. Vas a hacer el papel de un(a) médico/a que les hace unas sugerencias generales a sus pacientes. Vas a escribir diez consejos sobre lo que deben y no deben hacer para llevar una vida sana.

2. Antes de escribir tu decálogo, prepara una lista con los diez consejos más importantes. Anota de una manera sencilla (*simple*) los diez tópicos que vas a elaborar.

3. Después de preparar la lista, vas a escribir el decálogo, el cual debe incluir esta información:

   ▶ un título
   ▶ diez consejos, cada uno incluyendo formas del subjuntivo o del imperativo

4. Puedes usar estas ideas para tus consejos:

   ▶ Qué alimentos se deben comer y cuáles se deben evitar
   ▶ Cuántas comidas se deben tomar al día
   ▶ Horas que se deben dormir
   ▶ Hábitos que se deben evitar
   ▶ El ejercicio que se debe hacer

5. Sigue este modelo.

> 1. Haga ejercicio tres veces a la semana como mínimo.
> 2. Es importante que no consuma muchas grasas.
> 3. Es esencial que...

Escribir

1. Escribe tus diez consejos para llevar una vida sana.

2. Verifica el uso correcto del subjuntivo y del imperativo.

Después de escribir

1. Una vez que hayas escrito tu borrador, vas a leerlo otra vez, verificando el nivel del lenguaje que usaste. Como este decálogo se dirige a tus pacientes, debe tener un nivel de lenguaje formal.

2. Mientras lees tu borrador, haz un círculo alrededor de todos los verbos. Después, estudia cada uno para ver si usaste una forma de **usted** en vez de **tú**. Si no, debes corregir los errores.

3. Mira otra vez la lista de expresiones de cortesía en la página 105. Trata de incluir algunas de ellas en tus consejos.

> Por favor, coma
> 1. No comás pizza ni otras comidas con mucha grasa más de una o dos veces a la semana.
> trate
> 2. Quiero pedirte que trates de comer cinco porciones de frutas y vegetales todos los días.
> Quisiera pedirle

4. Después de revisar tu decálogo, haz los cambios necesarios y reescríbelo.

5. Luego, intercambia tu borrador con un(a) compañero/a de clase. Coméntalo y contesta estas preguntas.

   ▶ ¿Incluyó tu compañero/a diez consejos?

   ▶ ¿Usó él/ella formas de **usted** para dirigirse a los pacientes?

   ▶ ¿Usó él/ella algunas de las expresiones de cortesía de la lista?

   ▶ ¿Usó él/ella bien el subjuntivo y el imperativo?

   ▶ ¿Qué detalles añadirías (*would you add*)? ¿Cuáles quitarías (*would you delete*)? ¿Qué otros comentarios tienes para tu compañero/a?

6. Revisa tu decálogo según los comentarios de tu compañero/a. Después de escribir la versión final, léela otra vez para eliminar errores de:

   ▶ ortografía

   ▶ puntuación

   ▶ uso de letras mayúsculas y minúsculas

   ▶ concordancia entre sustantivos y adjetivos

   ▶ uso de verbos en el presente de indicativo

   ▶ uso de verbos en el subjuntivo

   ▶ uso del imperativo

escritura

Lección 5

Estrategia
Reading aloud before revising

Throughout the DESCUBRE program, you have been following a three-step writing process: organizing your thoughts before writing, writing, and then revising your work after writing. The revision stage has focused on a technique known as peer editing, where you and a classmate exchange your rough drafts and comment on each other's work. Peer editing is a helpful revision tool because it gives you another person's point of view about your work.

Another way to evaluate your work in a different light is to read it aloud or listen to it being read aloud. When revising, you are already accustomed to seeing your words on the page. But when you read aloud, or someone else reads aloud to you, you experience your work in a different way.

Although it is helpful to read your work aloud as part of the revision process, it is more useful to do it as part of a peer-editing process. That way, as you listen, you can notice places where your partner stumbles over your words. Is it because they are awkward? Are they the wrong words? Are they grammatically incorrect? Misspelled? There can be a number of reasons why, but when your partner has difficulty reading your work, that usually indicates a problem you need to fix.

A good method to follow when reading aloud before revising is to take two copies of your work. Your partner reads your work aloud, while you follow along silently reading the other copy. Every time you hear something that sounds awkward or incorrect, mark an X in the margin to remind yourself to come back and look at that section more closely.

Tema
Consejos de viaje

Antes de escribir

1. Vas a hacer el papel de un agente de viajes. Tienes que organizar un tour para unos/as amigos/as tuyos/as que van a visitar una ciudad o un país que tú conoces bastante bien. Vas a hacer una lista de los lugares y de las cosas que recomiendas que hagan. Debes tener en cuenta la personalidad de tus amigos/as y elegir bien qué sitios crees que les van a gustar más.

2. Vas a escribir una descripción del tour en dos partes:

   ▶ En el contenido les ofreces consejos a tus amigos/as sobre el clima del lugar, la ropa que deben llevar, el hotel donde pueden alojarse y los espectáculos culturales a los que pueden asistir. Debes usar el subjuntivo en todas tus recomendaciones, junto con expresiones como éstas: **Es importante que...**, **Les recomiendo que...**, **Busquen un hotel que...**, **Es probable que...**, **Es mejor que...**, **Visiten lugares donde...**, etc.

   ▶ En la conclusión debes desearles a tus amigos/as un buen viaje.

3. Antes de escribir, completa este recuadro con ideas para tus consejos de viaje. Pon las sugerencias afirmativas en la columna **Sí** y las sugerencias negativas en la columna **No**.

LUGAR:		
	Sí	No
clima, ropa y equipaje	ropa ligera,...	paraguas,...
hotel		
espectáculos culturales		
lugares cercanos (*nearby*)		
naturaleza		

Modelo   Como hace mucho calor durante esta temporada, les recomiendo que lleven ropa ligera. Como es un calor seco, no es necesario que traigan un paraguas.

Escribir

1. Usa las ideas del recuadro y escribe tus sugerencias.

2. Verifica el uso correcto del subjuntivo e incluye por lo menos una forma del subjuntivo en cada sugerencia que escribes.

Después de escribir

1. Intercambia tu borrador con un(a) compañero/a de clase. Presta atención mientras él/ella lo lee en voz alta. Marca tu copia del borrador según la información de la página 107:

   X   para indicar un error u otro problema

   ?   para indicar algo que tu compañero/a no leyó bien o no entendió bien

   !   para indicar algo que salió bien

2. Ahora cambien. Tú lees en voz alta mientras tu compañero/a marca su papel.

3. Revisa tu borrador y reescríbelo.

4. Ahora, intercambia tu borrador con otro/a compañero/a de clase. Coméntalo y contesta estas preguntas.

   ▶ ¿Incluyó tu compañero/a las dos partes de la descripción?

   ▶ ¿Escribió él/ella toda la información necesaria para cada parte?

   ▶ Al escribir sus sugerencias, ¿usó tu compañero/a formas del subjuntivo con algunas de las expresiones indicadas anteriormente?

   ▶ ¿Qué detalles añadirías (*would you add*)? ¿Cuáles quitarías (*would you delete*)? ¿Qué otros comentarios tienes para tu compañero/a?

5. Revisa tu descripción según los comentarios de tu compañero/a. Después de escribir la versión final, léela otra vez para eliminar errores de:

   ▶ ortografía

   ▶ puntuación

   ▶ uso de letras mayúsculas y minúsculas

   ▶ concordancia entre sustantivos y adjetivos

   ▶ uso de verbos en el presente de indicativo

   ▶ uso de verbos en el subjuntivo

escritura

Lección 6

Tema
Un afiche informativo

Antes de escribir

1. Vas a trabajar en un grupo de cuatro estudiantes para crear un afiche informativo sobre un área declarada como protegida por la UNESCO.

2. En su grupo, escojan una de estas dos áreas naturales de Cuba para crear su afiche: Valle de Viñales; Parque Nacional Alejandro de Humboldt.

3. Van a hacer una investigación sobre este sitio. Divídanse en parejas para hacer la investigación y contestar estas preguntas.

   ▶ Pareja 1: ¿Dónde está el sitio? (Márquenlo en un mapa del país.) ¿Cómo se caracteriza? ¿Qué flora y fauna se encuentran allí? ¿Qué formas geológicas? Traten de buscar fotos del sitio o de la flora y fauna de la región.

   ▶ Pareja 2: ¿Por qué fue declarado patrimonio mundial? ¿En qué año? ¿Tiene sólo valor natural o es importante también por su cultura e historia? ¿Por qué? Si encuentran algún recuadro o dibujo con datos sobre el sitio, guárdenlo para su afiche.

Estrategia
Using visuals to enhance your writing

Most of the writing you have done until now has involved words only—no photos, drawings, maps, or other visuals. When a piece of writing, like the poster you are about to create, has a strong visual format, it is important to plan how the visuals can strengthen the meaning of the words that accompany them. Here are some visuals you can use in your poster to support and enhance the meaning of the words you write:

▶ When you create a poster, the title of your piece usually appears in very large type. This telegraphs very quickly the subject of your poster. Make sure that the title is short enough to appear in large letters without taking up too much space.

▶ Often you will have smaller subheads or subtitles. These should be placed in a position where it is obvious what text or visuals they relate to.

▶ Breaking ideas out into bulleted or numbered lists helps present information more visually and shows at a glance how many pieces of information you are presenting.

▶ Photos and drawings are a great way to illustrate complex information or show something that it would take many words to describe.

▶ Maps are another good way to convey complex information quickly. Make sure they are large enough so that all the type is visible.

▶ Charts, tables and graphs are a concise way to present complex information in a format that is easier for the viewer to understand and access. Many times you can replace lengthy blocks of text with one simple chart or graph.

4. Una vez que hayan hecho su investigación, júntense para evaluar los datos y gráficos que encontraron. Antes de escribir, deben determinar el diseño del afiche. Una buena manera de hacer esto es crear un diagrama del diseño como el que ven a continuación. Hagan su propio diagrama e incluyan por lo menos cinco de estos elementos: un título, subtítulos, un recuadro, un mapa, fotos, dibujos, secciones de texto y leyendas (*captions*) para algunos de los elementos visuales.

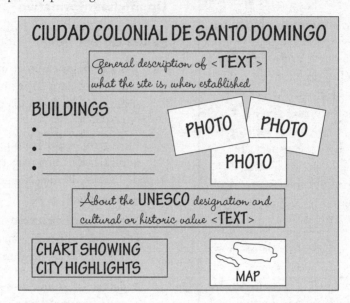

5. Antes de escribir, revisen el diagrama para calcular cuántas palabras deben escribir para cada sección.

Escribir

Trabajen juntos para escribir el texto, los títulos y los subtítlos del afiche.

Después de escribir

1. Juntos, revisen el texto y los títulos que escribieron. Pregúntense:

   ▶ ¿Usamos cinco de los elementos visuales indicados en la sección anterior?

   ▶ ¿Organizamos la información y los elementos visuales de una manera coherente?

   ▶ ¿Contestamos las preguntas del paso número tres?

   ▶ ¿Usamos bien las formas del pretérito y del imperfecto para describir el sitio y las acciones de la UNESCO?

2. Corrijan los errores que encuentren y revisen la información una vez más para eliminar errores de:

   ▶ ortografía

   ▶ puntuación

   ▶ uso de letras mayúsculas y minúsculas

   ▶ uso de verbos en el presente de indicativo

   ▶ uso de verbos en el pretérito

   ▶ uso de verbos en el imperfecto

   ▶ uso de preposiciones

3. Una vez que hayan corregido el texto y los títulos una vez más, preparen el afiche, combinando los elementos visuales con el texto y los títulos.

4. Mientras preparan el afiche, estudien el diagrama que hicieron y traten de crear un afiche que sea informativo y atractivo a la vez.

escritura

Estrategia
Establishing a point of view

You have already learned how to identify the audience for a piece of writing—the audience is the intended reader of your written piece. But in many kinds of writing, it is also important to establish a clear point of view for your composition.

Point of view reflects the perspective of the person who is viewing the action and participating in it. Most of the writing you have done is from the first-person point of view. Whenever you write about what you think, feel, say, or do, you are using a first-person point of view. In **Nivel 1, Lección 6,** you used a third-person point of view when you wrote a summary of an interview with another person and included reported dialogue. A third-person point of view narrates what someone else is thinking, feeling, saying, or doing. It is often used in fiction writing and journalistic reporting.

Note that if there is more than one person in a written piece, you have a number of options for point of view. Compare these examples:

▶ **First-person point of view (Marta)**
Cuando entré en la sala, vi inmediatamente que la abuela estaba un poco agitada. Me hizo un gesto con ojos nerviosos y me pidió un vaso de agua.

▶ **First-person point of view (la abuela)**
Cuando Marta entró en la sala, me miró cuidadosamente. Yo le hice un gesto con los ojos para indicar lo nerviosa que estaba y le pedí un vaso de agua.

▶ **Third-person point of view**
Cuando Marta entró en la sala, vio inmediatamente que la abuela estaba un poco agitada. La abuela le hizo un gesto con ojos nerviosos y le pidió un vaso de agua.

Tema
El blog del robot

Antes de escribir

1. Vas a escribir una entrada en el blog de un robot. Puedes escoger entre estas dos opciones:

   ▶ Eres un robot que participa en la RoboCup de fútbol. (Consulta el artículo sobre este tema en la página 279 de tu libro de texto.)

   ▶ Eres el robot que diseñó tu grupo en la actividad **¡A conversar!** de la página 279 de tu libro de texto.

2. Una vez hayas escogido qué tipo de robot quieres ser, completa el siguiente recuadro con algunas ideas para tu blog. Recuerda que vas a usar el punto de vista de la primera persona para escribir esta entrada en tu blog. Además, como tienes que usar formas del pretérito perfecto y del pluscuamperfecto, los comentarios deben referirse al pasado.

Ideas:	Perspectiva del robot:
Opción 1: jugador de fútbol ► Escuchar los planes del entrenador ► ¿ ... ? ► ¿ ... ? ► ¿ ... ?	► ¿Por qué tengo que escuchar a este ser humano? Mis diseñadores me han creado para jugar al fútbol y ¡soy la máquina deportiva perfecta! Recuerdo la primera vez que vi un juego de fútbol—ya había leído varios libros sobre el deporte...
Opción 2: asistente doméstico ► Empezar su primer día de trabajo doméstico ► ¿ ... ? ► ¿ ... ? ► ¿ ... ?	► Hoy es el primer día que me toca acompañar a los niños a la escuela. Mi memoria y mis circuitos no han podido descansar de tantos nervios. Nunca había estado tan nervioso. Al último momento mi diseñador ha decidido que...

Escribir

1. Escribe la entrada en tu blog. Usa las ideas que escribiste en el recuadro como parte de tu composición.
2. Verifica el uso correcto del pretérito perfecto y del pluscuamperfecto.

Después de escribir

1. Intercambia tu borrador con un(a) compañero/a de clase. Coméntalo y contesta estas preguntas.

   ► ¿Usó tu compañero/a el punto de vista de la primera persona para escribir su entrada de blog?
   ► ¿Describió él/ella un evento en la "vida" de un robot que juega al fútbol o en la de uno que ayuda con el trabajo doméstico?
   ► ¿Usó él/ella correctamente el pretérito perfecto y el pluscuamperfecto para contar su historia?
   ► ¿Qué detalles añadirías (*would you add*)? ¿Cuáles quitarías (*would you delete*)? ¿Qué otros comentarios tienes para tu compañero/a?

2. Revisa tu entrada de blog según los comentarios de tu compañero/a. Después de escribir la versión final, léela otra vez para eliminar errores de:

   ► ortografía
   ► puntuación
   ► uso de letras mayúsculas y minúsculas
   ► concordancia entre sustantivos y adjetivos
   ► uso de verbos en el pretérito perfecto
   ► uso de verbos en el pluscuamperfecto

escritura

Estrategia
Creating a strong topic sentence

When you write longer pieces with multiple paragraphs, it is important to pay attention to their structure. A strong paragraph includes a clear topic sentence, followed by details and examples that support it. Good topic sentences are especially important in business communications, where you want to make sure your message comes through loud and clear.

A good way to analyze the sentences in a paragraph is to use a diagram. For example, suppose you were writing a description of a new program at your school and then giving your opinion as to whether or not the school administration should continue it. You might write three paragraphs, the first of which could describe the program in general. Here is how you could use an informational diagram to illustrate that first paragraph:

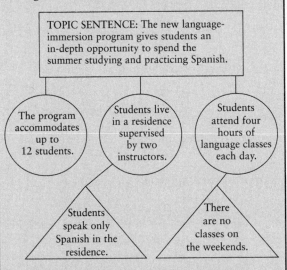

As you can see, the topic sentence contains all the major information about the program. Even if someone read only that sentence, he or she would have a good idea about the program's objectives. A good topic sentence will always follow that model, leaving the remaining supporting details and examples for the rest of the paragraph.

Tema
Una carta de tres párrafos

Antes de escribir

1. Vas a escribir una carta de tres párrafos para solicitar un puesto como pasante (*intern*) de verano. Puedes escribir a una de las empresas de la actividad ¡A conversar! de la página 321 de tu libro de texto.

2. Los párrafos de tu carta deben organizarse así:

   ▶ Primer párrafo: Explica por qué estás escribiendo.

   ▶ Segundo párrafo: Da detalles sobre tus estudios y experiencia laboral.

   ▶ Tercer párrafo: Explica por qué crees que eres el/la mejor candidato/a para el puesto.

3. Para cada párrafo, organiza tus ideas en un diagrama como el siguiente. Puedes añadir o quitar círculos y triángulos según el contenido de cada párrafo. Usa un papel en blanco para los demás diagramas.

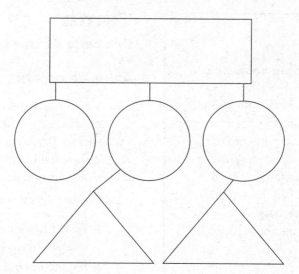

4. Usa estas expresiones para el saludo y la despedida de tu carta: **Estimado/a Sr./Sra./Srta. _____ (nombre de la persona que lee la carta); Le saluda muy atentamente, _____ (tu nombre)**.

5. Usa cláusulas con **si** en tu carta para explicar lo que harías si te dieran la pasantía (*internship*).

Escribir

1. Usa los diagramas que hiciste para escribir la oración tema (*topic sentence*) de cada párrafo. Luego, añade los detalles y la información secundaria para completar cada uno.

2. Mientras escribes, verifica el uso correcto de las cláusulas con **si**.

Después de escribir

1. Intercambia tu borrador con un(a) compañero/a de clase. Coméntalo y contesta estas preguntas.

   ▶ ¿Escribió tu compañero/a una carta de tres párrafos?

   ▶ ¿Escribió él/ella una buena oración tema para cada uno?

   ▶ ¿Usó él/ella el saludo y la despedida mencionados anteriormente para empezar y terminar la carta?

   ▶ ¿Usó él/ella correctamente las cláusulas con **si**?

   ▶ ¿Qué detalles añadirías (*would you add*)? ¿Cuáles quitarías (*would you delete*)? ¿Qué otros comentarios tienes para tu compañero/a?

2. Revisa tu carta según los comentarios de tu compañero/a. Después de escribir la versión final, léela otra vez para eliminar errores de:

   ▶ ortografía

   ▶ puntuación

   ▶ uso de letras mayúsculas y minúsculas

   ▶ concordancia entre sustantivos y adjetivos

   ▶ uso de verbos en el imperfecto del subjuntivo

   ▶ uso de verbos en el condicional

   ▶ uso de las cláusulas con **si**

escritura

Estrategia
Supporting your opinion with concrete examples

In the previous lesson, you learned how to write a strong topic sentence, which is especially useful when writing business communications. In this lesson, you will learn how to support that topic sentence with concrete examples and details. This is an especially helpful technique when you are stating an opinion and trying to persuade someone to accept your point of view.

In persuasive writing, your topic sentence will be a clear statement of your opinion about a topic. But a simple expression of your opinion is not very convincing to your reader. You must support that opinion with facts and examples in order to persuade your reader to share your point of view.

Look at the following informational diagram. It was created to outline a paragraph in an opinion piece about the U.S. space shuttle program.

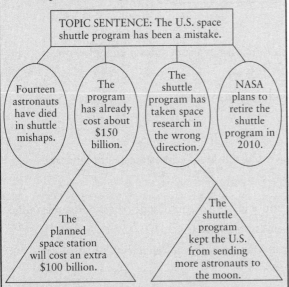

As you can see, the topic sentence clearly states the writer's opinion, while the supporting facts and details support that opinion in a number of different ways.

Tema
Una carta

Antes de escribir

1. Imagina que vives en Paraguay y tu telenovela favorita sólo se transmite en español. Vas a escribir una carta al periódico paraguayo *La Nación* pidiendo que se haga una versión doblada al guaraní o que se incluyan subtítulos en guaraní. En tu carta, explica por qué crees que es importante que haya una versión en guaraní. Debes incluir también tu opinión acerca de estas preguntas: ¿Quiénes se beneficiarían? ¿Por qué? ¿Quién debería cubrir el costo de la versión en guaraní: los productores de la telenovela o el gobierno? ¿Debería ser obligatorio ofrecer versiones de programas en los dos idiomas?

2. En la página 359 de tu libro de texto, lee los dos textos sobre el valor de las telenovelas. En cada texto, ¿puedes identificar la oración tema (*topic sentence*) y los detalles y ejemplos que la apoyan (*support*)?

3. Vas a escribir una carta que consista en cuatro párrafos:

   ▶ Primer párrafo: Da tu opinión (¿debe la telenovela transmitirse doblada al guaraní o con subtítulos en guaraní?) y apóyala con detalles y ejemplos.

   ▶ Segundo párrafo: Da tu opinión sobre quiénes se beneficiarían de esta idea y apóyala con tus razones.

   ▶ Tercer párrafo: Da tu opinión sobre quién debería cubrir el costo de la versión en guaraní y apóyala con detalles y ejemplos.

   ▶ Cuarto párrafo: Explica si crees que debe ser obligatorio ofrecer versiones de programas en los dos idiomas y apoya tu opinión con detalles y ejemplos.

4. Para cada párrafo, organiza tus ideas en un diagrama como el siguiente. Puedes añadir o quitar círculos y triángulos según el contenido de cada párrafo. Usa un papel en blanco para los demás diagramas.

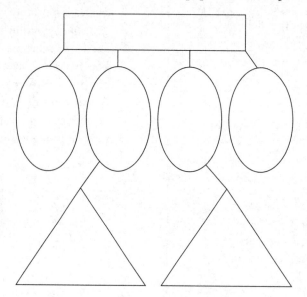

Escribir

1. Escribe una carta de cuatro párrafos, cada uno con una oración tema y detalles y ejemplos que la apoyen.

2. Verifica el uso correcto del condicional y de los pronombres relativos.

Después de escribir

1. Intercambia tu borrador con un(a) compañero/a de clase. Coméntalo y contesta estas preguntas.

   ▶ ¿Escribió tu compañero/a una carta de cuatro párrafos?

   ▶ ¿Escribió él/ella una buena oración tema para cada uno y la apoyó con detalles y ejemplos relevantes?

   ▶ ¿Usó él/ella correctamente el condicional y los pronombres relativos?

   ▶ ¿Qué detalles añadirías (*would you add*)? ¿Cuáles quitarías (*would you delete*)? ¿Qué otros comentarios tienes para tu compañero/a?

2. Revisa tu carta según los comentarios de tu compañero/a. Después de escribir la versión final, léela otra vez.

escritura

Lección 10

Estrategia

Using a thesaurus to enliven a description

When you describe something, you want to create a vivid picture that appeals to the reader's senses and captures his or her imagination. Compare these sentences:

La tarta de frutas es **rica** y **bonita**.

La tarta de frutas es **un regalo para la boca** y **una fiesta para los ojos**.

When you want to make your word choice more specific, using a thesaurus is a good way to begin. However, as with a Spanish-English dictionary, it is important to understand how to use a Spanish-language thesaurus (**diccionario de sinónimos**).

> **rico**   Adinerado, capitalista, acomodado. *<-- Pobre, mísero.* || Gustoso, sabroso, delicioso, apetitoso, agradable. *<-- Desagradable, asqueroso.*

At first glance, this entry may be hard to understand, especially since some of the words are not known to you. Notice that the entry is divided into two major parts as indicated by the vertical lines ||. To figure out which group of words you want, look for key words in each group that you already know or can guess. For example, in the first group, the word **capitalista** tells you that these are synonyms for *rich* in the sense of money (*wealthy* in English). In the second group, the words **delicioso** and **apetitoso** tell you that these are synonyms for *rich* in the sense of food (*tasty* in English).

Finally, before you decide to use a new word that you found in a thesaurus, look it up in a Spanish-English dictionary to make sure that you understand all of its connotations and nuances.

Tema
Una columna con críticas de restaurantes

Antes de escribir

1. Vas a escribir una columna para una revista de arte sobre un restaurante local. Tienes que inventar un restaurante y un plato especial que vas a describir. (O, si prefieres, puedes escoger tu restaurante y plato favoritos.) Como la columna aparece en una revista de arte, vas a escribir una crítica que describe el plato como si fuera una obra de arte. Por ejemplo: "Hoy quiero describirles una obra maestra: una tarta de frutas al estilo Fernando Botero. Es una maravilla de sencillez (*simplicity*) y complejidad a la vez, distinguida por el uso de colores brillantes como los representados en su arte".

2. Escoge el restaurante y el plato. ¿Con qué tipo de arte lo vas a comparar? ¿Por qué? Completa el siguiente recuadro con palabras relacionadas al plato y al estilo de arte. Después, busca sinónimos para seis de estas palabras en un diccionario de sinónimos.

Restaurante:		
Plato:		
Estilo de arte:		
	Plato	Estilo de arte
Palabras que ya conozco	*rico,...*	*moderno,...*
Palabras del diccionario de sinónimos	*apetitoso,...*	*contemporáneo,...*

Escribir

1. Escribe tu crítica del restaurante y del plato.

2. Usa las palabras del recuadro mientras escribes tu descripción.

Después de escribir

1. Intercambia tu borrador con un(a) compañero/a de clase. Coméntalo y contesta estas preguntas.

   ► ¿Hizo tu compañero/a una descripción detallada de un plato de un restaurante local o imaginario?

   ► ¿Comparó él/ella el plato con un estilo de arte?

   ► ¿Usó él/ella por lo menos seis palabras nuevas que encontró en un diccionario de sinónimos?

   ► ¿Qué detalles añadirías (*would you add*)? ¿Cuáles quitarías (*would you delete*)? ¿Qué otros comentarios tienes para tu compañero/a?

2. Revisa tu crítica según los comentarios de tu compañero/a. Después de escribir la versión final, léela otra vez para eliminar errores de:

   ► ortografía

   ► puntuación

   ► uso de letras mayúsculas y minúsculas

   ► concordancia entre sustantivos y adjetivos

   ► uso de verbos en el presente de indicativo

   ► uso de comparativos y superlativos

   ► uso de **ser** y **estar**

Credits